Covid-19 :
une crise organisationnelle

Covid-19 : une crise organisationnelle

Henri Bergeron
Olivier Borraz
Patrick Castel
François Dedieu

SciencesPo
LES PRESSES

SciencesPo
LES PRESSES

Catalogage Électre-Bibliographie (avec le concours de la Bibliothèque de Sciences Po)
Covid-19 : une crise organisationnelle/Henri Bergeron, Olivier Borraz, Patrick Castel, François Dedieu. – Paris : Presses de Sciences Po, 2020.
ISBN papier 978-2-7246-2665-0
ISBN pdf web 978-2-7246-2666-7
ISBN epub 978-2-7246-2667-4
ISBN xml 978-2-7246-2668-1

RAMEAU :
- Covid-19
- Gestion des crises : France : 1990-....
- Épidémies : Prévention : France : 1990-....
- Politique sanitaire : France : 1990-....
- Santé publique : Administration : France
- Sociologie des organisations : France

DEWEY :
- 302.3 : Interaction sociale au sein des groupes
- 353.6 : Administration publique des services de santé
- 362.1 : Maladies physiques (santé publique)
- 614.58 : Maladies virales

« Or, s'adapter, par avance, à une réalité simplement prévue et analysée par les seules forces de l'esprit, c'est là probablement, pour la plupart des hommes, un exercice mental singulièrement plus difficile que de modeler leur action, au fur et à mesure, sur des faits directement observés. »

Marc Bloch, *L'Étrange Défaite*

Introduction

Le 17 mars 2020, devant la menace que fait peser le Coronavirus sur la santé de la population, la France entre en confinement. Aux premiers instants de stupeur succède rapidement un très large consentement à respecter une mesure pourtant inédite, perturbante et à bien des égards hors norme. Du jour au lendemain, la vie se déplace des espaces publics et de travail vers les espaces privés. L'activité économique connaît un ralentissement brutal. Les frontières se referment, tandis que les transports collectifs s'arrêtent. Tous les soirs, le pays suit la situation dans les hôpitaux publics, placés en première ligne de ce qu'Emmanuel Macron a qualifié le 12 mars au soir de « guerre contre un virus ».

Ce qui surprend dans ce basculement, outre son ampleur et sa rapidité, c'est son caractère apparemment inévitable. Rares sont les voix qui s'élèvent alors pour contester la mesure ou en suggérer d'autres, moins radicales. À l'heure où nous écrivons ces lignes, elle semble encore faire largement consensus. Et si certains aujourd'hui regrettent son caractère uniforme, sans aucune forme d'ajustement à des situations individuelles ou locales, ils admettent volontiers qu'au vu des données qui étaient alors disponibles, ils auraient probablement pris la même décision. Bref, alors que la gestion de la crise fait l'objet de nombreuses critiques et de plaintes en justice, la décision de confiner qui est pourtant au cœur de l'action de l'État durant la pandémie de Coronavirus n'est guère (ou pas encore) remise en cause.

Le confinement : incertitude radicale et sidération

Comment en est-on arrivé là ? À quelles conditions peut-on introduire une mesure inédite, qui ne figure dans aucun texte de loi ou plan, qui n'a jamais été testée, qui n'a fait l'objet d'aucune étude scientifique, sans qu'elle ne suscite de contestations et semble au contraire évidente et probablement la seule envisageable au moment de son adoption ? Comment peut-on faire basculer un pays entier dans ce qui est clairement une situation d'incertitude radicale ? Car c'est bien de cela qu'il est question : la France entre dans une situation qu'elle n'a jamais connue, dont on ne connaît ni les propriétés ni les effets, sans que l'on sache quand et comment elle pourra en sortir, et quelles seront *a fortiori* les conséquences de cette sortie. Certes, le virus qui est à l'origine du confinement présente également de très nombreuses incertitudes. Aucune toutefois n'est comparable à celles soulevées par le confinement lui-même.

En posant ces questions, nous n'entendons pas remettre en cause cette mesure, ni énoncer, avec tout le confort que donne la vision rétrospective, ce qu'il aurait fallu faire. Nos objectifs sont tout autres, à la fois plus modestes et plus ambitieux. Il s'agit pour nous, sociologues des organisations et de l'action publique, de nous interroger sur les conditions qui rendent possible l'adoption d'une mesure inédite. Comment peut-on introduire une décision qui perturbe à ce point la vie économique et sociale d'un pays ? Certes, l'ampleur et surtout l'imminence de la menace peuvent expliquer le recours à une solution radicale. Lorsque John F. Kennedy découvre en 1962 que les Soviétiques ont entrepris l'installation de missiles nucléaires sur l'île de Cuba, la nouveauté de la situation et, plus encore, les menaces qu'elle fait peser sur des millions de vies justifient d'étudier des solutions nouvelles et *in fine* d'adopter le blocus naval. S'agissant du Coronavirus, d'autres pays, nous pensons notamment à la Chine et à l'Italie, avaient introduit cette même mesure avant la France. Mais comment en arrive-t-on à ce moment de sidération, décrit comme tel par les décideurs eux-mêmes, alors que les signaux d'alerte étaient bien là ? Par quelle suite de choix et de non-choix en arrive-t-on, face à ce qui est alors présenté comme un « tsunami » qui s'apprête à déferler sur les hôpitaux publics, à devoir décider dans l'urgence de mesures radicales et aux conséquences potentielles aussi massives qu'inconnues ? Alors qu'il existe des plans dédiés à des situations pandémiques qui proposent tout un arsenal de mesures, comment en vient-on à adopter une solution qui n'y figure pas et qui n'a même jamais été envisagée, quand bien même ces plans ont fait l'objet de nombreuses mises à jour à la suite d'exercices de gestion de crise et d'épidémies réelles tout au long des décennies 2000-2010 ? Et comment expliquer par la suite le formidable problème de coordination et de coopération qui prévaut au sein des administrations publiques ? Alors que l'on n'observe aucun effondrement organisationnel, comme le prédit pourtant la littérature sur les crises et les catastrophes, on assiste à une extravagante créativité organisationnelle : d'abord, parce qu'elle s'inscrit dans un espace déjà saturé d'organisations susceptibles de remplir les mêmes fonctions ; ensuite, parce qu'elle ne s'appuie pas sur les plans, circulaires et autres documents qui avaient prévu, précisément pour ce type de situation, un ensemble de dispositifs formels à activer pour répondre aux enjeux de coordination. À partir du mois de mars et jusqu'au mois de juin, un nouvel ensemble de structures vient donc s'ajouter aux organisations existantes.

Répondre à ces questions nécessite, selon nous, d'analyser le rôle qu'ont joué des organisations dans la non-prise en compte de la gravité de la situation, mais également dans le manque de préparation qui caractérise la réponse des autorités au mois de mars 2020. Cela doit nous permettre de mieux comprendre l'enchaînement rapide des décisions qui, à compter du 10 mars, voit le président de la République créer un Conseil scientifique, lequel lui présente, le 12 mars, la gravité de la situation et lui recommande « la seule solution possible ». Le soir-même, Emmanuel Macron déclare la France « en guerre » et annonce la fermeture des écoles à compter du 16 mars. Le 14 mars, le Premier ministre décide qu'à minuit le même jour les restaurants, cafés, bars et autres lieux de rassemblement du public fermeront. Le 16 mars enfin, le président de la République prononce le début du confinement de l'ensemble de la population française le lendemain à partir de midi. C'est dans la temporalité longue des organisations, durant laquelle la perspective d'une crise majeure fait l'objet d'un processus d'oubli, et la temporalité courte d'autres organisations créées de manière *ad hoc* et sans autre forme d'attachement institutionnel que le mandat confié par le président de la République, que se trouvent selon nous des éléments de réponse aux questions soulevées plus haut. Cette temporalité courte se prolonge ensuite dans la multiplication de structures qui, en voulant résoudre les problèmes de coordination et de coopération identifiés par les autorités, vient au contraire ajouter de la complexité à une situation déjà passablement confuse et, partant, alimenter la crise.

Nous souhaitons par ailleurs, en analysant ces facteurs organisationnels, engager une discussion sur les réformes à mener pour éviter que la France se retrouve, dans un avenir plus ou moins proche, confrontée à une situation similaire : celle de reproduire, faute d'avoir mesuré à temps la gravité de la menace, ce double mouvement de sidération puis de prise de décision radicale. Cette perspective n'est pas exagérée. Outre les risques sanitaires dont on a découvert à l'occasion du Coronavirus la multiplicité des formes qu'ils pouvaient prendre, les dangers liés aux effets du changement climatique comme les menaces que représente la révolution numérique, par exemple, sont à même de réunir les mêmes conditions que celles qu'ont connues les autorités françaises dans les jours qui précèdent le 12 mars : à savoir, d'un côté, un risque imminent que l'on n'a pas su anticiper et, de l'autre, l'absence de moyens disponibles pour y faire face, faute de préparation adéquate. Car si l'on peut accepter que le confinement ait été, au moment où il est adopté, la seule solution susceptible d'éviter que les hôpitaux publics soient emportés par une vague destructrice, il n'est pas impossible que l'on découvre *a posteriori* qu'il a eu des conséquences bien plus dévastatrices sur le plan économique et social, mais également sanitaire. Déjà, experts et autorités s'accordent à dire qu'en cas de deuxième vague, il conviendra d'éviter à tout prix un nouveau confinement généralisé. S'il s'avère que le coût de la mesure l'emporte largement sur ses bénéfices, alors il est urgent de réfléchir à des dispositifs de gestion de crise qui évitent de reproduire la même situation, avec un choix limité d'options, comportant toutes des risques considérables mais hautement incertains.

Notre démarche intellectuelle

Cet ouvrage se donne pour objectif de jeter les bases d'une analyse de ce qui constitue bien un paradoxe : comment dans une société saturée d'organisations, et qui plus est dotée de textes réglementaires et de plans conçus pour organiser leur réponse en situation de crise, en vient-on, face à une menace grave, à produire de nouvelles organisations qui vont recommander des mesures inédites puis compliquer les conditions de la gestion de crise ?

Dans le présent ouvrage, il s'agit de poser des hypothèses et non de produire une analyse définitive. Ces hypothèses se fondent sur les acquis de la littérature existante en sociologie des organisations, de la décision et des crises. Elles reposent également sur la conduite d'une quarantaine d'entretiens, principalement auprès de médecins, mais aussi de cadres d'hôpitaux, de membres d'administrations centrales, de responsables régionaux et départementaux, et dans les services extérieurs de l'État. Elles s'appuient enfin sur une lecture intensive de la presse, de la littérature grise et de nombreux articles scientifiques produits durant la crise. Il conviendra ensuite de confirmer, nuancer ou infirmer, sur la base de recherches empiriques approfondies, les quelques conjectures que nous allons ici formuler.

Trois convictions, cependant, sont à la base de notre démarche. La première concerne l'action collective. S'il est fréquent d'analyser la gestion de la crise au prisme des décisions individuelles, c'est bien l'importance cruciale qu'il y a à comprendre ce que doivent à l'action collective la dynamique des crises et les décisions qui jalonnent leur dynamique, de l'alerte jusqu'à leur « résolution », qui soutient notre geste analytique. De ce point de vue, nous nous reconnaissons pleinement dans la démarche inaugurée et théorisée par Graham Allison pour analyser la crise des missiles de Cuba. Cet auteur montre bien les limites de ce qu'il appelle le modèle de l'acteur rationnel pour analyser les décisions prises tant par Kennedy que par Khrouchtchev en 1962, et la nécessité de lui adjoindre une lecture organisationnelle et une lecture en termes d'échanges et d'économie politiques pour saisir les choix qui ont été effectués.

La deuxième conviction est que nous traversons une situation qui est, à maints égards, unique, inédite, extraordinaire, hors norme ; mais qui n'est pas singulière, au sens où elle ne pourrait être pensée mais également gérée qu'à l'aide de catégories, de normes et de dispositifs *ad hoc*, conçus à son seul endroit. Elle présente au contraire de nombreux traits observés dans d'autres crises, mais également des périodes de transformation profonde. Et si elle met à l'épreuve nos catégories, normes et dispositifs d'entendement ordinaires, il ne faut pas en conclure d'emblée qu'elle les rend inopérants et justifie que l'on en invente d'autres.

Enfin, notre troisième conviction est que nous souffrons toujours d'une incapacité à tirer des leçons des crises passées. En singularisant à chaque fois les épreuves que nos sociétés traversent (attentats terroristes, accidents industriels, catastrophes naturelles, pandémies, crises financières, crises sociales...), nous nous empêchons de penser ce qui les réunit, qu'il s'agisse de leurs causes profondes ou des réponses qui leur sont apportées. La singularité de chaque crise conduit d'abord à pointer des dysfonctionnements et à établir des responsabilités, mais sans comprendre sa dynamique, son inscription dans des processus économiques, politiques ou sociaux, et la manière dont les organisations, comme les individus, y ont répondu. Or, ce que démontre la crise issue du Coronavirus, c'est bien à la fois la nécessité de tirer des leçons qui iront au-delà du cas présent et permettront d'établir des comparaisons avec d'autres crises, passées ou à venir, mais également de former les cadres et décideurs, publics et privés, à faire face à des situations d'incertitude radicale. Et parmi ces leçons, nous entendons réaffirmer ici l'importance du regard organisationnel à travers lequel il est possible non seulement de comprendre les crises mais aussi de mieux s'y préparer.

L'ouvrage est organisé en trois chapitres. Dans le premier, nous nous pencherons sur l'impréparation des autorités françaises, qui conduit à prendre une mesure inédite et radicale : le confinement général de la population. Dans le deuxième chapitre, nous reviendrons sur le foisonnement organisationnel et son corollaire, l'augmentation des problèmes de coordination. Nous insisterons sur la nécessité de s'intéresser aux phénomènes de pouvoir, déterminants essentiels des décisions et de la coopération entre acteurs, et donc, de l'efficacité de l'action publique (et privée). Enfin, dans le troisième chapitre, nous proposerons des pistes en termes de retour d'expérience sur les crises et de formation des futurs décideurs.

1

De l'impréparation à la panique des élites

Selon un récit mis en avant par les pouvoirs publics et leurs experts scientifiques, c'est la prise de conscience début mars de l'arrivée imminente d'une « vague » de patients déferlant sur des hôpitaux ne disposant que d'un nombre limité de places, jointe à un nombre insuffisant de masques et de réactifs pour les tests diagnostiques, qui conduit à la décision de confiner l'ensemble de la population. Si ce récit admet, implicitement du moins, que la France n'était pas prête à affronter une telle pandémie, il suggère aussi, pour reprendre les termes du président du Conseil scientifique (créé le 10 mars par le président de la République – voir chapitre 2), que le confinement était, non pas « la meilleure solution mais la seule possible à l'époque[1] ».

---

1. Claire Legros et Pascale Santi, « Jean-François Delfraissy, un équilibriste sur le fil de l'épidémie », *Le Monde*, 18 juin 2020.

Ce récit relève du modèle de l'acteur rationnel proposé par Graham Allison (1971). Ici, ce sont des pouvoirs publics, au premier rang desquels le président de la République, qui, devant les données que leur présentent les experts et les arguments qui les accompagnent, décident de mettre en place une solution inédite : le confinement généralisé de la population. Selon le modèle de la décision rationnelle, les décisions doivent être prises en anticipant les conséquences des différentes options qui se présentent face à un problème donné et en les comparant de manière synoptique pour choisir celle qui présente le meilleur ratio coût-bénéfice. Tout écart est qualifié de « biais de rationalité » ou d'irrationalité. Suivant cette grille de lecture, le caractère inéluctable de la décision du confinement découlerait de ce que toutes les autres options disponibles auraient coûté trop de vies. Ce faisant est promue une vision doublement héroïque du processus de décision, selon laquelle des experts, d'un côté, et notamment le président du Conseil scientifique, et le président de la République, de l'autre, engagent leurs responsabilités dans cette situation d'urgence.

Mais ce récit laisse dans l'ombre plusieurs éléments. Notamment, comment se fait-il que les pouvoirs publics et les experts n'aient pas pris plus tôt la mesure de l'épidémie, malgré les alertes de l'Organisation mondiale de la santé (OMS), la situation catastrophique en Italie du nord et « la vague » qui a submergé les hôpitaux et les établissements d'hébergement pour personnes âgées dépendantes (EHPAD) de la région Grand-Est ? Pourquoi les autorités françaises semblaient-elles aussi confiantes dans la capacité du pays à faire face à la pandémie, pour découvrir finalement qu'elles ne disposaient pas des moyens adéquats en termes de masques et de réactifs ? Enfin, comment rendre compte de la chronologie de la prise de décision, étalée sur plusieurs jours, entre le 8 mars et le 17 mars ? Et, dans cette chronologie, comment expliquer le décalage entre une décision qui est prise le 12 mars et son annonce le 16 mars seulement ?

De nombreuses analyses ont été déployées pour répondre à ces questions, qui suivent deux lignes d'argumentation. La première prend le contre-pied du modèle de la décision rationnelle défendu par les pouvoirs publics. C'est le manque de rationalité des « experts », et notamment leur incapacité à prévoir l'ampleur et la gravité de l'épidémie, qui aurait causé un retard préjudiciable dans la décision publique. C'est le point de vue défendu par Olivier Sibony, un professeur d'HEC, dans une vidéo vue plus de 270 000 fois en deux mois (7 avril-7 juin). Il défend notamment l'idée que les experts auraient été les victimes d'un « biais de croissance exponentielle » (étant incapables de voir que la croissance des cas suivait une courbe du même nom), d'un « biais de modèle mental » (les Français comparent le Coronavirus à une grippe, n'ayant jamais eu à affronter sur leur territoire de MERS-Cov ou de SRAS[2]) et d'un « biais d'endogroupe ou d'exogroupe » (pensant qu'ils seraient meilleurs que leurs homologues chinois et italiens dans la gestion de la maladie)[3].

---

2. Le syndrome respiratoire aigu sévère (SRAS) et le coronavirus du syndrome respiratoire du Moyen-Orient (MERS-CoV) sont deux variantes de coronavirus hautement pathogènes apparues successivement en 2002 et 2012.

3. Olivier Sibony, « Prise de décision et biais cognitifs : l'exemple du Covid-19 », HEC Paris Webinar Series, 7 avril 2020 (https://www.youtube.com/watch?v=H6IAOM3Ei2o).

La seconde ligne d'argumentation consiste à rechercher, pour les mettre en cause, des faillites morales. Il s'agit de suggérer des liens entre certaines décisions et la défense d'intérêts économiques, politiques ou autres, dont l'expression est jugée illégitime au regard de la situation considérée. Par exemple, le maintien des élections, le manque de masques et la communication autour de ce manque, ainsi que les débats autour de l'hydroxychloroquine ont fréquemment été abordés en ces termes. Cette ligne est particulièrement présente en France à la suite des scandales de santé publique qui, à plusieurs reprises dans le passé, ont révélé des conflits d'intérêt entre industries pharmaceutiques, experts et décideurs.

Ces deux perspectives souffrent cependant de plusieurs travers. Tout d'abord, les deux conduisent à surestimer le poids des défaillances ou des mérites individuels, et à négliger les dimensions collectives et organisationnelles des décisions, y compris celles qui sont considérées *a posteriori* comme des erreurs. Ensuite, si les gouvernants cherchaient autant à défendre les intérêts économiques, pourquoi auraient-ils finalement décidé de les compromettre en choisissant une solution qui entraîne un arrêt brutal de l'économie ? Enfin, les analyses cognitivistes ont tendance à expliquer les comportements collectifs à partir de lois qui apparaissent aussi universelles qu'intangibles. Pour reprendre l'analyse d'Olivier Sibony, « on » (l'usage du terme est

---

Pour une critique du raisonnement déployé dans cette vidéo, voir Olivier Pilmis et Patrick Castel, « Le virus des biais : ce que la crise du Covid-19 révèle du comportementalisme », *AOC*, 12 juin 2020. Pour une critique plus générale de la théorie des biais, voir Bergeron *et al.* (2018).

significatif) serait ainsi soumis à des « biais de surréaction » face aux premières annonces du danger du virus, tout comme « on » aurait été aveuglé par un « biais de croissance exponentielle » conduisant à sous-estimer les risques de contagion. Or cette analyse prend peu en compte d'autres facteurs comme le contexte d'action, l'histoire, les compétences différenciées des acteurs ou encore l'environnement organisationnel, tout aussi susceptibles d'influer sur les comportements collectifs.

Comme l'ont montré nombre de travaux en sociologie des désastres et de l'alerte, les phénomènes de sous-estimation des menaces nécessitent de s'intéresser autant à la manière dont les informations circulent au sein des administrations et des organisations concernées, qu'au contexte d'action qui les façonne. L'histoire de la crise des missiles de Cuba (Allison, 1971 ; Allison et Zelikow, 1999 ; Scott et Hughes, 2015) révèle que Kennedy et son administration n'ont pas cru tout de suite que Khrouchtchev était en train d'armer de missiles nucléaires l'île dirigée par Fidel Castro. Le retard dans la découverte de ces missiles et le délai entre cette découverte et l'information donnée à Kennedy – plusieurs mois – ne s'expliquent pas uniquement par des « biais cognitifs » mais par les contraintes liées au repérage des signaux faibles (des témoignages de dissidents cubains, par exemple), puis au recueil, à l'interprétation et à la validation de ces données par l'administration. Bien que sa grille de lecture soit un peu différente, Henri Bergeron (1999) met également en évidence les logiques organisationnelles qui ont présidé au retard des experts français en charge de la politique de la lutte contre la toxicomanie à prendre en compte les dégâts du sida (et de l'hépatite C) sur leurs patients dans les années 1980-1990, contrairement à ce qui s'est produit dans d'autres pays. Plutôt que de s'en tenir à des explications culturalistes, il montre l'importance déterminante des effets de disposition (leur trajectoire professionnelle), des effets de position (le type d'informations auxquelles ils avaient accès du fait de leur position dans l'organisation des soins) et des effets de situation liés aux interdépendances (et, donc, aux relations de pouvoir) dans lesquelles les individus sont enserrés et qui contraignent leurs choix et leur cognition. Dans son étude sur la tempête de 1999, François Dedieu (2013) démontre, dans une veine complémentaire, que la réception des signaux et les premières réactions sont très différentes selon l'expérience personnelle des individus, les routines des organisations dans lesquelles elles sont insérées et les relations de confiance entre les acteurs lors de la transmission des informations (notamment, entre le préfet de département et les prévisionnistes de Météo France). De telles perspectives amènent donc à contester les constats généraux et univoques sur la tendance des experts à se tromper, comme l'économie comportementale et la psychologie cognitive l'assènent, et à reconstruire patiemment la façon dont les informations, les connaissances et les compétences sont sélectivement distribuées dans l'espace social, ainsi que les conditions de la circulation des informations et de la coopération entre des groupes qui ont des enjeux professionnels et des responsabilités différents.

C'est avec une telle approche que nous allons analyser le recours au confinement généralisé. La soudaineté de cette décision est en grande partie liée à l'impréparation du gouvernement français, lequel a été privé d'options alternatives le jour J par une série de décisions prises dans la dernière décennie. De surcroît, le gouvernement n'a pas pris la mesure des signaux d'alerte qui remontaient entre janvier et mars 2020. Ces éléments nous conduiront à émettre l'hypothèse que cette impréparation est moins liée à des erreurs ou à des errances coupables qu'à un sentiment indu de préparation. Autrement dit, les gouvernants ne semblent pas avoir péché par négligence mais par excès de confiance.

À partir des données ou analyses disponibles sur la gestion de la crise issue du Coronavirus, mais également de travaux centraux dans la littérature sur les crises, les organisations et les décisions, nous décrirons d'abord les mécanismes de long, moyen et court terme qui ont contribué à façonner ce sentiment indu de préparation, puis nous montrerons comment cet excès de confiance conduit début mars, à un effet de sidération que nous qualifierons de « panique des élites ». Mais avant cela, il nous faut apporter quelques précisions d'ordre chronologique.

Quelques repères chronologiques

Il serait inexact de soutenir que le gouvernement français n'a pas du tout réagi à la menace venant de Chine. Quelques jours seulement après l'alerte donnée par la Chine à l'OMS à propos de la découverte d'un nouveau virus sur son sol (31 décembre 2019), le Centre opérationnel de régulation et de réponse aux urgences sanitaires et sociales (CORRUSS) du ministère de la Santé se met dans une situation de veille de niveau 1 (2 janvier), puis passe assez rapidement à des niveaux de mobilisation supérieurs le 23 janvier (niveau 2 – avec une équipe renforcée) et le 26 janvier (niveau 3 – activation d'un centre de crise). Le 25 janvier est mise en place une procédure d'identification et de suivi des cas contacts personnalisée et quotidienne *via* les agences régionales de santé (ARS). Le 13 février est déclenché le plan ORSAN (Organisation de la réponse du système de santé en situations sanitaires exceptionnelles), qui permet notamment de diriger vers les établissements de première ligne les patients atteints de Covid-19 (en l'occurrence, pour l'Île-de-France, les hôpitaux de l'AP-HP de Bichat, de la Pitié-Salpêtrière, de Necker-Enfants malades et l'hôpital d'instruction des armées Bégin).

Toutefois, à travers les messages distillés par le gouvernement et le président de la République jusqu'au 12 mars et l'absence (plan Pandémie grippale) ou le retard (Cellule interministérielle de crise) de déclenchement de certains dispositifs (nous y reviendrons), l'impression que la gravité de la menace a été sous-estimée perdure. Surtout, l'incapacité à organiser un dépistage de masse et le manque de masques collent au gouvernement et aux administrations sanitaires, comme le sparadrap au doigt du capitaine Haddock. Certes, Agnès Buzyn assure, dans *Le Monde* du 17 mars, avoir « envoyé un message » à Emmanuel Macron dès le 11 janvier, mais elle ne précise pas comment, ni selon quelle procédure et avec quelle réponse[4]. Et, le 21 janvier, lors d'un point presse, elle juge que « le risque

4. Ariane Chemin, « Les regrets d'Agnès Buzyn : "On aurait dû tout arrêter, c'était une mascarade" », *Le Monde*, 17 mars 2020.

d'introduction en France est faible », tout en concédant qu'il « ne peut pas être exclu »[5]. Elle ajoute : « Notre système de santé est bien préparé, professionnels et établissements de santé ont été informés. » Le 26 janvier, elle rassure sur le stock de masques disponible, lors de la première réunion interministérielle sur le sujet, présidée par le Premier ministre : « Nous avons des dizaines de millions de masques en stock en cas d'épidémie, ce sont des choses qui sont d'ores et déjà programmées[6]. » Mais le 23 février, plusieurs millions de masques FFP2 supplémentaires sont commandés en urgence pour les professionnels de santé. Ce manque de masques donnera lieu à des conflits entre administrations et collectivités locales au niveau territorial pour en doter leurs personnels, sur lesquels nous reviendrons dans le prochain chapitre. Le 6 mars, l'ambivalence persiste : d'un côté, le nouveau ministre de la Santé, Olivier Véran, active le Plan blanc au niveau national dans les hôpitaux, ce qui permet notamment de surseoir aux opérations chirurgicales non urgentes et de mobiliser le personnel soignant ; de l'autre, Emmanuel Macron et son épouse se montrent au théâtre, appelant à ne « pas se départir de bon sens » et plaidant pour des mesures « proportionnées ». « La vie continue. Il n'y a aucune raison, mis à part pour les populations fragilisées, de modifier nos habitudes de sortie. » Pourtant, c'est à partir de ce moment que tout s'accélère.

---

5. « Virus chinois : le risque en France "faible mais pas exclu" selon Agnès Buzyn », *AFP*, 21 janvier 2020.

6. Voir notamment sur ce sujet, Cédric Mathiot et Fabien Leboucq, « Checknews : Covid-19 : Y a-t-il une pénurie de masques de protection pour les professionnels de santé ? », *Libération*, 27 février 2020.

Quelques jours plus tôt, fin février, la France, l'Allemagne, l'Italie et l'Espagne recensaient à peu près le même nombre de cas, soit environ une cinquantaine sur leurs territoires respectifs (Rosental, 2020). Mais les quatre pays vont brutalement suivre des trajectoires différentes. En effet, trente jours plus tard, l'Allemagne compte 541 morts, la France 2 606, l'Italie et l'Espagne comptent elles déjà plus de 6 000 morts. Entre-temps, selon le *Coronavirus Government Response Tracker* (CGRT) de la Blavatnik School of Government de l'Université d'Oxford, la France, l'Italie et l'Espagne ont mis en place un confinement bien plus sévère que celui que l'on trouve dans les *Länder* allemands (Rosental, 2020). La mise en place d'un strict confinement dans les trois pays méditerranéens s'est faite selon une temporalité différente : l'Italie adopte les premières mesures de confinement dès le 21 février, ferme les écoles le 4 mars et, quatre jours plus tard, prononce le confinement de toutes les régions, par l'intermédiaire de son président du Conseil, Giuseppe Conte, avant de fermer, le lendemain, tous les commerces non essentiels. La chronologie du confinement en France a été beaucoup discutée car elle a surpris. Après l'annonce du Plan blanc par le ministère de la Santé le 6 mars, les rassemblements de plus de 1 000 personnes non indispensables à la continuité de la vie de la nation sont interdits à partir du 8 mars, à la suite d'un Conseil de défense consacré au suivi de la crise du Coronavirus. Le 10 mars, un Conseil scientifique, composé de personnalités médicales et scientifiques, est créé auprès du président de la République. Le 12 mars, à 20 heures, Emmanuel Macron annonce la fermeture totale des crèches, écoles, collèges, lycées et universités à partir du lendemain soir, alors que son ministre de l'Éducation déclarait le matin même : « Nous n'avons jamais envisagé la fermeture totale des écoles[7]. » Le 13 mars, tout rassemblement de plus de 100 personnes est interdit. Le lendemain, la France entre en stade 3 d'épidémie active sur le territoire. Le Premier ministre annonce la fermeture de tous les lieux de regroupements non indispensables (cafés, restaurants, cinémas, discothèques...). Le premier tour des élections municipales est toutefois maintenu. Le 16 mars, le président de la République décide de prendre des mesures pour réduire à leur plus strict minimum les contacts et les déplacements. Un dispositif de confinement est mis en place sur l'ensemble du territoire à compter du mardi 17 mars à 12 heures, pour quinze jours minimum (il durera finalement huit semaines, avant son assouplissement progressif).

Nous proposons de montrer que le sentiment indu de préparation est la conséquence d'un processus composé de trois mécanismes qui interagissent : la lente érosion des moyens alloués à la gestion des pandémies au cours de la dernière décennie (1), liée aux mauvaises leçons tirées de précédentes alertes (2), et une sous-estimation des signaux d'alerte qui déclenche une panique des élites au mois de mars 2020 (3).

---

7. « Coronavirus : la fermeture "totale" de toutes les écoles "jamais envisagée" assure le ministre de l'Éducation », *Francetvinfo.fr*, 12 mars 2020.

2005-2020 : la lente dérive de la menace pandémique

L'impréparation française surprend à deux titres. D'une part, parce qu'elle met en lumière les failles d'un dispositif de préparation à la gestion de crise dans lequel les autorités françaises avaient pourtant investi dès le début de la décennie 2000. C'est en effet dans le prolongement de la tempête de 1999 puis de la canicule de 2003, avec en arrière-plan les attentats du 11 septembre 2001 aux États-Unis, que les autorités françaises érigent un ensemble d'organisations et d'instruments destinés à préparer le pays à la gestion d'une crise majeure (Borraz et Cabane, 2017). La Loi de modernisation de la sécurité civile de 2004, puis les livres blancs sur la défense et la sécurité nationale de 2008 et 2013, posent clairement les bases légales et intellectuelles de cet arsenal, tandis que des circulaires viennent régulièrement en définir les modalités organisationnelles. Dernière en date, la circulaire n° 6095/SG du 1er juillet 2019 signée par Édouard Philippe vient repréciser l'organisation gouvernementale pour la gestion des crises majeures, en réaffirmant notamment le rôle central de la Cellule interministérielle de crise (CIC) dans la coordination des réponses. Pourtant, le dispositif de crise ne sera formellement activé que le 17 mars, avec le gréement de la CIC. Du 27 janvier au 16 mars, c'est le ministère de la Santé qui pilote la gestion interministérielle de la crise, à travers une *taskforce* interministérielle (TFI) qui n'avait été prévue dans aucun texte. Nous reviendrons dans le chapitre suivant sur cette décision et ses conséquences.

D'autre part, cette impréparation concerne un risque qui avait été clairement identifié. À la suite de l'épidémie de SRAS de 2003, un premier plan Pandémie grippale est élaboré en 2004, qui sera ensuite régulièrement mis à jour jusqu'à la dernière version adoptée en 2011. Ce dispositif sera fréquemment testé, à la fois à l'occasion d'exercices de crise, mais également de gestion d'épidémies (H5N1, H1N1, MERS-CoV). Or les autorités françaises découvrent très tardivement qu'elles ne disposent ni des tests ni des masques en nombre suffisant pour faire face à l'arrivée de la Covid-19. Le 30 janvier, la direction générale de la Santé (DGS) demande à Santé publique France de commander en urgence 1,1 million de masques. Le 7 février, ce sont 28,4 millions de masques qui sont commandés à travers « une procédure accélérée d'achat ». Le choix de ne pas activer le plan Pandémie grippale dans sa version de 2011 interroge[8], lui qui prévoyait toutes les mesures qui ont fait cruellement défaut au démarrage de la crise : fermeture des crèches et des écoles, fermeture des lieux de spectacles, anticipation de pénurie d'eau et d'alimentation... Le plan attirait même déjà l'attention sur la forte dépendance de la France à l'égard de la Chine en matière de matériel de protection ! Et pourtant, de telles mesures ont fait défaut. Il y a donc eu un oubli massif.

Pour comprendre ces paradoxes, il faut d'abord remonter dans le temps, quinze ans avant la propagation de la Covid-19. Nous formulons l'hypothèse que cette impréparation s'explique en premier lieu par un

8. Linda Cambon, François Alla et Valéry Ridde, « Santé publique : pour l'*empowerment* plutôt que l'infantilisation », *AOC*, 8 juillet 2020.

phénomène de « dérive organisationnelle » (*organizational drift*), c'est-à-dire par l'affaiblissement de la crédibilité de la menace pandémique et des moyens affectés. Ce glissement possède une particularité essentielle, celle d'être lent et progressif et donc de passer totalement inaperçu aux yeux des autorités. Autrement dit, c'est parce que les responsables politiques pensaient réellement disposer des moyens nécessaires qu'ils ont été autant pris par surprise lors de l'arrivée du virus.

Cette hypothèse se fonde sur la littérature en sciences sociales. Depuis les années 1960, des travaux en sociologie et en science politique ont montré que l'origine des accidents et des catastrophes se nichait dans le fonctionnement des organisations en charge de la gestion des risques. La thèse de la « dérive organisationnelle » a été conceptualisée par Diane Vaughan (1996) dans son célèbre ouvrage sur l'accident de la navette spatiale *Challenger* en 1986, où elle se demande pourquoi les signaux d'alerte concernant l'érosion – fatale – des joints d'étanchéité, bien identifiés dix ans auparavant par la NASA, n'avaient pas été pris en compte au moment de la décision de lancement. Une grande partie de la réponse se trouve dans la notion de secret structurel : la division complexe du travail et la profusion de procédures dans les grandes organisations comme la NASA entraînent une perte d'informations qui s'avère cruciale. L'auteure montre notamment comment, par un processus de « normalisation de la déviance », des écarts à la règle qui ne conduisent pas forcément à des accidents sont acceptés, « mis en risque » et, ce faisant, jugés acceptables. C'est bien cette normalisation des écarts concernant les joints, qui, par le passé, avaient pourtant déjà connu des problèmes liés à des températures extrêmes, qui conduit la veille du décollage à considérer que, malgré le froid très important qui règne sur le site, le risque d'un accident est faible.

Dans une perspective assez proche, Scott Snook (2000), militaire reconverti en sociologue, cherche à comprendre les « tirs amis », erreurs tragiques et finalement fréquentes au sein de ce qu'il faut pourtant considérer comme une « organisation à haute fiabilité », à savoir l'armée de l'air (en l'espèce, américaine). S'intéressant aux processus complexes qui ont conduit des avions de chasse américains à abattre leurs propres hélicoptères durant la guerre d'Irak, Snook en déduit que les accidents ne naissent pas tant d'erreurs ou de dysfonctionnements que de l'autonomisation progressive des différentes entités (un manque d'intégration organisationnelle entre les F15, les F16, les hélicoptères et les systèmes de détection et de commandement aéroportés – AWACS), ainsi que d'un éloignement graduel vis-à-vis des règles et des procédures initiales, ce relâchement s'expliquant par la nécessité de répondre aux enjeux quotidiens spécifiques des différents types d'engins volants. En particulier, la répétition des procédures, gage de sécurité pour Martin Landau (1969) qui forgea le concept de redondance organisationnelle, est alors perçue comme un facteur d'accident dans un contexte de forte contrainte temporelle.

Sur la base de cette littérature, nous faisons l'hypothèse que l'impréparation des autorités françaises début 2020 – et donc le sentiment indu de préparation – et les difficultés auxquelles elles sont confrontées avec l'arrivée du Coronavirus sont liées à un même phénomène : l'enchaînement de « petites » dérives, accumulées à partir de 2005 et inscrites dans la machinerie de la bureaucratie gouvernementale. Le risque pandémique en France est réellement pris au sérieux dès 2003, avec les épidémies successives de H5N1 puis du SRAS, lesquelles conduisent en 2004 le ministère de la Santé, alors sous l'autorité de Philippe Douste-Blazy, à élaborer un premier plan Pandémie grippale. Ce dernier prévoit notamment tout un ensemble de mesures, parmi lesquelles les restrictions de déplacements, la limitation des événements rassemblant du public, l'imposition de gestes barrières ou le port de masques par les personnels de santé et la population. En 2005, le nouveau ministre de la Santé, Xavier Bertrand, et son directeur général de la Santé, Didier Houssin, participent à un exercice de gestion de crise pandémique qui les alerte sur le niveau d'impréparation qui domine dans les services, y compris à leur propre niveau[9]. Il s'ensuit la création en 2007 d'un Établissement de préparation et de réponse aux urgences sanitaires (EPRUS), inspiré du fameux CDC (Center for Disease Control and Prevention) américain. Cette agence est dotée d'importants moyens : 8,5 millions d'antibiotiques, 70 millions de vaccins antivarioliques, 11,7 millions de traitements antiviraux, 1 milliard de masques chirurgicaux et 285 millions de FFP2[10]. De l'enquête approfondie des journalistes du *Monde*[11], nous pouvons tirer la conclusion que les années 2010-2011 marquent

---

9. Gérard Davet et Francis Lhomme, « La France et les épidémies, 2005-2007 : le temps de "l'armement" », *Le Monde*, 5 mai 2020.
10. *Ibid.*
11. Gérard Davet et Francis Lhomme, « Aux racines de la crise sanitaire », 5 épisodes, *Le Monde*, 5-9 mai.

un tournant. La distinction entre « stock stratégique » (de la compétence de l'État et géré par l'EPRUS) et « stock tactique » (relevant d'une gestion territoriale) a débouché sur une répartition confuse des responsabilités entre l'État, les ARS, les hôpitaux et les entreprises dans la définition et la constitution de la réserve de masques[12].

Il existe sans doute des raisons budgétaires à la réduction de ce stock, mais il nous semble important de creuser également une autre piste. La diminution des moyens alloués au plan Pandémie grippale tout comme la dilution de l'EPRUS dans la toute nouvelle agence Santé publique France semblent en effet en partie liées à l'épisode de la grippe H1N1 de 2009. Pour caricaturer, on a jugé en « avoir trop fait » avec des commandes excessives de vaccins, qui se sont avérées inutiles. C'est donc très certainement la stratégie de Xavier Bertrand de maintenir le plan contre les pandémies, tout en tirant les leçons de la désastreuse gestion politique de cette crise, qui a conduit à cette longue dérive dans la préparation à la menace pandémique. Dix ans plus tard, en 2020, les responsables français découvrent qu'ils font face à une pénurie de masques sans que les responsabilités soient clairement établies, chacune des autorités administratives se rejetant la faute lors des auditions de la commission d'enquête en

12. Un autre changement de doctrine qui s'est opéré au niveau international à partir des années 1960 a pu constituer une contrainte supplémentaire au moment de la crise (Strasser et Schlich, 2020) : le remplacement des masques réutilisables par des masques jetables, promus par la firme 3M. Cette évolution, qui facilitait la gestion des stocks par les administrations hospitalières, a ôté une marge de manœuvre aux hôpitaux et aux collectivités locales, quand ils ont dû faire face au manque de masques : il a fallu dans l'urgence explorer la possibilité de produire et d'utiliser des masques en tissu réutilisables.

juin 2020. François Bourdillon, ex-directeur général de Santé publique France, indique ainsi avoir commandé un volume suffisant de masques au cours de son mandat, mais ne pas avoir été suivi par le directeur général de la Santé, Jérôme Salomon[13]. C'est aussi la version de Benoît Vallet, prédécesseur de Jérôme Salomon [14]. De son côté, ce dernier préfère mettre en avant l'état déplorable du stock dont il a hérité[15]. Cette dilution des responsabilités nous apparaît symptomatique d'un plan dont on alloue les moyens à une multitude d'acteurs sans que les responsabilités et les frontières soient clairement établies. Ce flou administratif et réglementaire occasionne un morcellement dans l'affectation de ces moyens, qui entraîne à son tour une forme d'illusion du contrôle, donnant à chaque acteur de bonnes raisons de croire que la France est armée pour lutter contre une pandémie[16].

D'autres dynamiques similaires peuvent sans doute être dévoilées. Nous pensons, bien sûr, aux raisons qui ont empêché la France, pourtant pays de Pasteur et

---

13. AFP, « Bourdillon déplore la "croyance" des décideurs dans l'inefficacité des masques », 17 juin 2020.
14. Audition de M. Benoît Vallet, en vue de sa nomination aux fonctions de président du conseil d'administration de l'Agence nationale de sécurité sanitaire de l'alimentation, de l'environnement et du travail (ANSES) (en téléconférence), comptes rendus de la commission des affaires sociales du Sénat, 4 juin 2020 (www.senat.fr/compte-rendu-commissions/20200601/soc.html#toc8).
15. Chloé Hecketsweiler et Solenn de Royer, « Covid : Salomon élude les questions gênantes », *Le Monde*, 18 juin 2020.
16. Selon un article du *New York Times* paru le 20 juillet 2020, ce sentiment indu de préparation, la lente dérive dans la gestion des stocks de masques et le manque d'anticipation dans les capacités diagnostiques nécessaires caractérisent aussi la situation britannique. Dans ce pays aussi, de mauvaises leçons de la crise de 2009 avaient été tirées, dans un contexte où le National Health Service cherchait à faire des économies (David D. Kirkpatrick, Matt Apuzzo et Selam Gebrekidan, « Europe Said It Was Pandemic-ready. Pride Was its Downfall », *New York Times*, 20 juillet 2020).

donc historiquement marquée par la virologie et l'infectiologie, de conduire une politique de tests PCR (*polymerase chain reaction*), pour diagnostiquer le plus tôt possible les personnes infectées et remonter aux cas contacts (ce qui permet notamment d'identifier des cas asymptomatiques[17]), comme l'a fait sa voisine allemande. On a pu évoquer le manque de réactifs, en provenance de pays comme l'Inde ou la Chine, posant la question de la dépendance à l'égard de pays tiers. Cela n'épuise pas l'explication du problème, dont les causes sont également à chercher du côté des circuits de validation et d'autorisation des tests, de l'organisation des capacités laborantines et de leur répartition entre le secteur hospitalier et le secteur libéral. Lors de leur audition le 18 juin 2020 par la commission d'enquête parlementaire, Jean-François Delfraissy et Bruno Lina l'ont admis à demi-mot. Quand le premier indique que la « capacité de tests en France est largement équivalente à celle de l'Allemagne. Cependant, il y a une "sous-utilisation" de ces capacités », le second invoque, d'une part, la lenteur des « circuits décisionnels » et, d'autre part, une inadéquation entre la solution de dépistage retenue en France, celle de Pasteur, et l'organisation du travail réelle des laboratoires : « L'une des difficultés auxquelles nous avons été confrontés dans le déploiement de ce test est que pour l'utiliser il faut des outils que la plupart des laboratoires

17. Ce manque de moyens diagnostiques a pu s'avérer dévastateur dans des établissements de santé comme les EHPAD, car il n'a pas permis de détecter et d'isoler à temps les professionnels de santé et résidents qui étaient contagieux tout en étant asymptomatiques. C'est en tout cas ce qu'une publication récente dans le prestigieux *Journal of the American Medical Association* a mis en évidence à propos des établissements de soins de longue durée aux États-Unis (Bigelow *et al.*, 2020).

de diagnostic n'ont plus, parce qu'ils ont des automates[18]. » Quelques jours plus tard, devant cette même commission, Didier Raoult est encore plus virulent à ce sujet en parlant de « problèmes structurels » et en jugeant « archaïque » la prédominance de centres nationaux de référence, qui, on le comprend dans ses propos, ont freiné la mobilisation des autres capacités diagnostiques[19]. La presse s'est par ailleurs fait l'écho de la lenteur avec laquelle les autorités de régulation ont accordé l'autorisation exceptionnelle aux laboratoires vétérinaires de procéder à des tests, malgré les demandes réitérées de ces derniers, relayées par les conseils départementaux. De même, la saisine ministérielle de la Haute Autorité de santé pour définir la place des tests sérologiques dans la prise en charge de la maladie, le 11 avril 2020, apparaît finalement tardive, quand on sait que ces tests ont joué un rôle majeur dans d'autres épidémies comme le sida (Crespin, 2006). Quant à leur validation par le Centre national de référence, elle n'est publiée que le 21 mai (ce qui n'a pas empêché de nombreux laboratoires de biologie médicale de proposer bien avant à leurs clients de procéder à des tests à des prix souvent élevés).

Une autre piste méritera aussi d'être suivie : celle du progressif remplacement de la priorité donnée dans les années 2000 à la prévention et à la préparation des risques pandémiques par une politique tournée en

18. Marie-Liévine Michalik, « Commission d'enquête Covid-19 : revivez l'audition de Jean-François Delfraissy », *lefigaro.fr* (https://www.lefigaro.fr/sciences/en-direct-commission-d-enquete-covid-19-suivez-l-audition-de-jean-francois-delfraissy-20200618) (consulté le 21 juillet 2020).
19. Source : https://www.youtube.com/watch?v=K71LcQDnlOg (consulté le 21 juillet 2020).

priorité vers la gestion des risques terroristes. Nous en voulons pour preuve le déclenchement, le 6 mars, du Plan blanc plutôt que celui du plan Pandémie grippale de 2011, quand bien même, de l'aveu de tous les acteurs rencontrés (directions d'hôpital et médecins, dont certains responsables de la gestion de ces plans), celui-ci est avant tout pensé pour accueillir en un minimum de temps (quelques jours à peine) un grand afflux de patients, mais ne prévoit pas du tout la gestion d'une épidémie dans la durée. De surcroît, le Plan blanc ne préparait pas les professionnels à un enjeu majeur : la gestion de flux de patients potentiellement contagieux pour les malades non Covid et les professionnels de santé. Nous y reviendrons dans le prochain chapitre, car ce point a été crucial dans la panique et la désorganisation hospitalière au cours du mois de mars.

Janvier-mars 2020 : une sous-estimation des signaux d'alerte

Un trait récurrent des situations de crise, que l'on retrouve dans la crise de la Covid-19, tient à la mauvaise lecture des signaux d'alerte qui se succèdent à partir de janvier 2020, date à laquelle les premiers cas de contamination sont signalés en France. Des commentateurs jugent que la France n'a pas suffisamment pris au sérieux la menace et s'étonnent de ce que la situation déjà catastrophique en Italie n'ait pas alerté les autorités françaises.

Rappelons d'abord que les trois premiers clusters, le premier dans la station des Contamines, l'autre en

Bretagne et le troisième près de Montpellier, ont été maîtrisés au cours du mois de février. C'est le foyer dans l'Oise, autour d'un collège de Crépy-en-Valois (avec le premier décès en France lié à cette maladie, dans la nuit du 25 au 26 février), et surtout celui dans le Grand-Est, à la suite du rassemblement évangélique de plus de 2 000 personnes à Mulhouse entre le 17 et le 21 février, qui marqueront l'accélération de l'épidémie et la perte de contrôle du système sanitaire français sur sa propagation. Les responsables politiques paraissent à ce moment extrêmement confiants dans la capacité de la France à contenir l'épidémie. Le 18 février, le ministre de la Santé Olivier Véran, comme Agnès Buzyn dont il a pris la succession deux jours plus tôt, déclare sur France Inter : « La France est prête car nous avons un système de santé extrêmement solide. » Même si Agnès Buzyn s'en défend aujourd'hui, le fait de quitter ses fonctions pour se consacrer à la campagne municipale de Paris, en remplacement de Benjamin Griveaux, ne pouvait apparaître autrement dans l'opinion que comme le signe d'une faible menace. Comment imaginer qu'un capitaine quitte le navire à l'approche de la tempête ? Même parmi les médecins réanimateurs que nous avons interrogés, nombre d'entre eux, y compris les spécialistes des maladies infectieuses, comme le MERS-CoV, ont reconnu avoir cru tardivement à la gravité de la situation. Toutefois, ils ont semblé en prendre conscience à partir du moment où leurs collègues italiens du Nord leur ont fait part de leur expérience par téléconférences. Les réanimateurs français ont un grand respect pour leurs homologues italiens, collaborant régulièrement avec eux dans le cadre de réseaux d'experts, et se considérant mutuellement comme le fleuron international de cette spécialité. Certes, ils espéraient que le système hospitalier français disposât de davantage de ressources collectives pour faire face à la crise, mais aucun ne niait les compétences de leurs confrères italiens et donc la crédibilité des informations qu'ils leur communiquaient.

Sur le terrain, beaucoup d'hospitaliers restent attentifs à la situation. Des médecins nous ont ainsi affirmé avoir essayé de préparer leur hôpital dès le mois de février. Certains avaient noué des collaborations avec des hôpitaux chinois et s'échangeaient, de personne à personne, des données importantes, dont la crédibilité était jugée plus grande que celle des informations circulant à l'époque sur la toile, disséminées dans quantité de papiers scientifiques dont le statut de « *pre-print* » rendait d'autant plus difficile l'évaluation de la qualité. Dans deux hôpitaux, l'expérience locale d'une gestion des premiers clusters en février a aussi aidé la communauté hospitalière à anticiper une possible épidémie – en formant le personnel et en commandant des masques supplémentaires. D'autres hôpitaux, spécialisés dans ces types de pathologie et préparés chaque année à l'accueil des cas de MERS-CoV (qui ne sont jamais pour le moment arrivés jusqu'en France), ont déclenché des routines organisationnelles pour préparer leur personnel et anticiper l'ouverture d'autres services. La situation est jugée suffisamment sérieuse pour que, à partir de mi-février, les infectiologues français organisent régulièrement des réunions téléphoniques pour partager leur expérience et leurs informations. Dès le 26 février, dans une réunion d'information auprès des personnels de l'hôpital Bichat mise en ligne sur YouTube, Xavier Lescure et Jean-Christophe Lucet, spécialistes nationaux de ce type de pathologie, dressaient déjà des constats qui, dans leurs grandes lignes, préfiguraient ce qui allait arriver[20] : en dépit d'un taux de mortalité inférieur au SRAS, la contagiosité du Coronavirus lui étant supérieure, le nombre total de ses victimes pouvait être très élevé. Les deux professeurs de médecine soulignaient aussi qu'il ne fallait pas s'alarmer pour le personnel soignant. Contrairement aux premières publications catastrophistes, les mesures classiques de protection (lavage des mains, gants, sur-blouses et masques) semblaient suffire à le protéger[21]. Fin février, le service d'infectiologie de Bichat commence à réfléchir aux bases d'un grand essai thérapeutique, qui deviendra le fameux essai *Discovery*. Bref, la menace était déjà prise au sérieux par cet hôpital dont il faut rappeler qu'il est l'un des établissements nationaux de référence et qu'à ce titre, il fut chargé de réaliser tous les premiers diagnostics. On peut donc supposer qu'il était en relation étroite avec l'administration sanitaire. Deux de ses membres, Yazdan Yazdanpanah et Lila Bouadma, feront d'ailleurs partie du Conseil scientifique créé quelques jours plus tard. La question se pose donc de savoir comment ces premières informations ont été relayées puis traitées aux différents échelons de l'administration sanitaire.

Il convient d'ajouter que le contexte politique est plutôt défavorable à un changement d'attention de la part des pouvoirs publics. Au début de l'année 2020, la

---

20. « Coronavirus Covid-19 – réunion d'information du 26 février 2020 aux personnels de l'hôpital Bichat AP-HP » (https://www.youtube.com/watch?v=k5I5mxrJJBU) (consulté le 3 juillet 2020).

21. C'est aujourd'hui l'avis qui prédomine dans les services de réanimation, alors que les médecins reconnaissent avoir craint, à un moment donné de l'épidémie, que la contagiosité du virus était beaucoup plus grande.

France sort d'une période de grèves massives et très suivies, notamment dans le secteur public, contre la réforme des retraites que le gouvernement souhaite faire adopter rapidement. D'autres projets gouvernementaux également en cours donnent lieu à des mobilisations, et la situation sociale est donc très tendue. Dans ces circonstances, il est raisonnable de penser que cet agenda bien chargé a pu contribuer à détourner un peu plus l'attention des pouvoirs publics, qui cherchaient à clore rapidement une séquence politique difficile. En témoigne le fait que le conseil des ministres du 11 mars, pourtant consacré en priorité à la réponse à apporter à la menace pandémique, autorise dans le même temps le gouvernement à utiliser l'article 49-3 de la Constitution pour faire adopter sa réforme des retraites à l'Assemblée nationale. Seule une étude empirique fine permettra de vérifier si les mouvements sociaux avec lesquels le gouvernement était aux prises, ses efforts concentrés sur la réforme des retraites et la préparation des élections municipales ont joué un rôle ou non dans le manque d'attention du gouvernement et dans le délai avec lequel le Plan blanc a été déclenché (le 6 mars), le Conseil scientifique constitué (10 mars), le Conseil de défense convoqué (11 mars), pour aboutir au confinement six jours plus tard (17 mars). Ce n'est qu'aux alentours du 10 mars que les experts et les pouvoirs publics prennent conscience, non seulement que la « vague » est bien plus haute que prévu, mais aussi que les hôpitaux ne seront pas capables d'accueillir les patients, tandis que les stocks de masques, jugés jusque-là suffisants (130 millions disponibles en janvier), s'avèrent bien maigres au regard des besoins des seuls hôpitaux (évalués alors aux alentours de 160 millions par mois).

Tous ces éléments conduisent à émettre l'hypothèse que nombre d'experts mais également de responsables publics étaient, fin février-début mars, face à ce que François Dedieu a qualifié de « risque scélérat » (2013) : un risque annoncé et connu mais dont on sous-estime l'ampleur en raison de son apparente familiarité. Qu'il s'agisse de la tempête de 1999 qu'étudie cet auteur, ou de l'ouragan Katrina qui traverse le sud des États-Unis en 2005, on se trouve dans ces deux cas devant une minimisation du risque qui tient, non pas à une somme d'erreurs individuelles, mais bien à un processus d'accoutumance à des phénomènes graves mais maîtrisables, qui, ce faisant, empêche de penser le caractère potentiellement hors norme de la situation. La crise de la Covid-19 semble bien relever de ce registre : elle s'inscrit dans une suite d'alertes ou d'épidémies qui se sont toujours révélées gérables avec les moyens disponibles. C'est ainsi que le système que composent la DGS, Santé publique France, les ARS et les 38 établissements de santé seuls habilités jusqu'à la fin du mois de février à accueillir et à tester les malades de la Covid-19, ne fait pas état de signaux inquiétants. À titre d'exemple, le 24 février, Olivier Véran annonce qu'il n'y a plus aucun patient hospitalisé ni de malade identifié en France. Le 26 février, seuls 18 cas sont recensés par Santé publique France. Parallèlement, ni le Haut Conseil de la santé publique (HCSP)[22], ni la Haute Autorité de santé, ni aucune des autres instances sanitaires n'identifie de problème sérieux.

---

22. Le premier avis du HCSP relatif au Coronavirus date du 18 février, mais est mis en ligne le 27 février. Il concerne le « traitement du linge, le nettoyage d'un logement ou de la chambre d'hospitalisation d'un patient confirmé à coronavirus SARS-CoV-2 et à la protection des personnels ».

Comme le souligne François Dedieu, les caractéristiques des phénomènes jouent également dans l'appréhension de l'alerte. On ne saurait donc se limiter à une vision endogène des causes de la catastrophe, au sens où celle-ci relèverait seulement de dysfonctionnements internes à l'administration, puisque en fonction de ces caractéristiques, chaque phénomène (qu'il s'agisse d'une tempête ou d'un virus) a des conséquences tout aussi spécifiques sur le système social chargé de contenir ses effets. En l'occurrence ici, l'identification changeante des symptômes de la Covid-19 est liée aux voies de circulation encore largement inconnues du virus. Dans les premiers moments de la crise, les autorités entendaient dépister les porteurs du virus en se fondant sur les recommandations des diagnostics opérés en Chine : venir d'un pays à risque, ou avoir été en contact avec une personne en revenant, infection respiratoire aiguë (IRA) avec fièvre[23]. Or, quelques semaines plus tard, les hospitaliers réalisent que ces critères sont trop restrictifs (beaucoup de patients ne souffraient pas d'IRA) mais également que l'indicateur « pays à risque » n'est pas pertinent, puisque le virus semble circuler depuis longtemps en France. Du coup, tout symptôme grippal devient suspect. Enfin, deux autres aspects trompeurs dans le diagnostic sont à signaler : le taux inconnu d'asymptomatiques et la durée d'incubation plus longue que les autres Covid (de quarante-huit heures à cinq jours en moyenne).

23. De manière significative, le second avis du HCSP concernant le Coronavirus, daté du 26 février et mis en ligne le jour suivant, concerne la « conduite à tenir pour les personnels hospitaliers de retour des zones d'exposition à risque définies par Santé publique France ».

Ces différents éléments rendaient donc extrêmement difficiles le repérage des patients et leur isolement, en s'appuyant uniquement sur des éléments cliniques et en l'absence de capacité de tests.

Une autre hypothèse méritera d'être vérifiée. Les informations que nous avons collectées auprès des médecins impliqués dans les premiers temps de l'épidémie, soit parce que leur hôpital était référencé centre de recours national, soit parce qu'il a été touché par « surprise » du fait de foyers locaux (à Creil, à Strasbourg et à Mulhouse), convergent : tous ont indiqué que leurs services ont été « submergés », « noyés » ou « ont pris la foudre » dans la première semaine de mars. Durant la canicule de 2003, on s'en souvient, Jean-François Mattéi et son administration avaient sous-estimé sa gravité, en se fondant sur des indicateurs d'ordre épidémiologique, alors que les services cliniques d'urgence et les centres funéraires étaient débordés. Il sera intéressant de voir dans quelle mesure, lors de la crise de la Covid-19, les informations en provenance des services exposés en première ligne, vite dépassés et alarmés par l'état des malades qu'ils recevaient, ont été traitées[24]. Le professeur Jean-François Delfraissy affirme qu'il a appelé personnellement le

24. L'article déjà cité du *New York Times* rapporte des faits similaires au Royaume-Uni : dans son appréhension de la crise lors des premières semaines, le gouvernement de Boris Johnson a mis près de deux semaines avant de prendre en compte la surcharge d'activité que connaissaient les hôpitaux ; se fondant essentiellement sur des données épidémiologiques, le gouvernement et ses experts sanitaires ont tardé à prendre la mesure de la situation épidémique. Comme en France, c'est la prise de conscience tardive de la situation des hôpitaux qui a fini par convaincre de se fier aux modélisations alarmantes, jusque-là accueillies avec scepticisme, pour confiner le pays (David D. Kirkpatrick, Matt Apuzzo et Selam Gebrekidan, « Europe Said It Was Pandemic-ready », art. cité).

président de la République pour lui enjoindre de prendre les choses en main. En tout état de cause, certains médecins considèrent que la dizaine de jours qui s'est écoulée entre la flambée de l'épidémie (week-end du 6-8 mars) et le confinement (17 mars) a pu s'avérer très préjudiciable. S'il ne nous appartient pas de juger de la pertinence de ce délai et des réponses apportées depuis l'apparition des premiers signaux, nous souhaitons en revanche inviter à approfondir encore davantage l'analyse des mécanismes à l'œuvre, de manière à pouvoir en tirer des leçons pour la prochaine épidémie.

Ce processus de sous-estimation de la menace ne se limite sans doute pas à la gestion étatique de la crise et peut se retrouver dans d'autres lieux et dans d'autres organisations, comme semble le montrer le traitement de l'épidémie sur le porte-avions Charles-de-Gaulle (encadré 1).

Encadré 1 : L'épidémie à bord du porte-avions Charles-de-Gaulle

Le 21 janvier 2020, le porte-avions Charles-de-Gaulle quitte Toulon, accompagné de son groupe aérien embarqué et de son escadre, pour une mission prévue jusqu'au 23 avril 2020. Le risque est pris au sérieux dès mi-février : tout personnel qui monte à bord est évalué sur ses expositions possibles au virus et, le cas échéant, suivi médicalement. À l'issue d'une escale à Brest, du 13 au 16 mars, 350 personnels à risque de contact avec le virus sont suivis et des « mesures de distanciation » (concernant la pratique sportive, les rassemblements...) sont adoptées. Quatorze jours plus tard, le commandement, convaincu de l'absence d'épidémie et constatant une baisse de moral au sein de son équipage, assouplit les conditions de distanciation et autorise la tenue d'un concert. La confiance vacille à partir du 5 avril : un marin débarqué le 30 mars au Danemark informe le commandement qu'il a été testé positif et, ce même jour, de nombreuses hospitalisations à l'infirmerie sont rapportées. Les autorités militaires sont informées le 7 avril. Après deux investigations médicales, qui confirment les doutes, le porte-avions fait route vers Toulon. Notons que le bilan varie suivant le rapport épidémiologique ou les conclusions publiques des enquêtes. Selon le premier, sur les 1 767 membres d'équipage (les conclusions publiques des enquêtes n'en comptabilisent que 1 766), 1 568 ont participé à l'enquête épidémiologique, dont 1 064 marins (67,9 %) sont des cas confirmés Covid et, parmi eux, 13 % d'asymptomatiques. Selon les secondes, ils sont 1 288 marins à avoir contracté le virus, dont 18 % de façon asymptomatique.

La lecture de ces documents laisse apparaître que le traitement de l'épidémie sur le porte-avions Charles-de-Gaulle reflète en un condensé saisissant la gestion nationale de la crise (y compris sur la difficulté d'obtenir des chiffres fiables). Certes, la promiscuité sur un porte-avions, en particulier dans les dortoirs, a sans nul doute contribué à l'ampleur de la contagion. Mais d'autres éléments attestent que la grille de lecture que nous avons proposée, en termes de risque scélérat notamment, éclaire certains aspects de cet épisode. D'abord, le bâtiment ne disposait à son bord d'aucun moyen diagnostique de dépistage (RT-PCR). Or, les critères officiels de suspicion de Covid-19 à l'époque, selon Santé publique France, fondés sur l'examen clinique (infection respiratoire aiguë avec fièvre), n'ont pas permis de repérer les cas pathologiques. Les éléments d'enquête soulignent que les syndromes grippaux étaient jugés « normaux » à cette période de l'année, les marins étant appelés à travailler en plein vent et par temps froid. Ensuite, le commandement était d'autant plus confiant dans sa capacité à maîtriser l'épidémie qu'il avait réussi en 2009 à maîtriser le départ d'une vague de H1N1. Relevons enfin un manque de communication « fluide » qui aurait permis la remontée et l'interprétation des « signaux faibles » (Florence Parly) – « le stock modeste mais constamment renouvelé d'une dizaine de marins atteints de syndromes grippaux » (conclusions des enquêtes) –

et un décalage entre l'inquiétude de l'équipage et l'assurance du commandement, « totalement focalisé sur la conduite de la mission et un service médical confiant dans son analyse sanitaire » (conclusions des enquêtes). Comment ne pas établir de parallèle avec le gouvernement, focalisé sur les réformes qu'il mène, et le ministère de la Santé, confiant dans les moyens dont il dispose ? Or, l'enquête a déterminé que la Covid-19 était présente dès la fin février. L'escale à Brest et le concert n'ont fait qu'accélérer sa propagation. Un voile pudique est jeté, dans le rapport épidémiologique comme dans les conclusions publiques des enquêtes, sur la question des masques de protection, seulement brièvement évoqués à deux endroits du rapport épidémiologique, laissant entendre qu'ils ont été introduits sur le tard : « l'épidémie a rapidement décru dès l'utilisation de masques anti-projections (masques chirurgicaux) le 8 avril 2020 » (p. 38).

Sources : Centre d'épidémiologie et de santé publique des armées, « Investigation de l'épidémie de Covid-19 au sein du Groupe aéronaval (21 janvier-13 avril 2020) », ministère des Armées, Service de santé des armées, document n° 929/ARM/SSA/CESPA, 4 mai 2020 ; ministère des Armées, « Conclusions des enquêtes relatives à l'épidémie de Covid-19 sur le porte-avions Charles-de-Gaulle », 12 mai 2020 ; Florence Parly, ministre des Armées, propos liminaire lors de son audition devant la commission des affaires étrangères, de la défense et des forces armées au Sénat, 12 mai 2020.

4-12 mars 2020 : la panique des élites

Le sentiment indu de préparation provoque l'affolement des autorités françaises autour de la semaine du 10 mars. Dans un article célèbre, Lee Clarke et Caron Chess (2008) reviennent sur l'idée répandue, et très largement fausse, qu'en situation de crise, les populations paniquent, en laissant leurs émotions prendre le dessus et en adoptant des comportements irrationnels ; pour suggérer qu'en réalité, si panique il y a, elle se situe plus souvent du côté des décideurs. Selon cette thèse, c'est le sentiment que la situation échappe à leurs contrôle et connaissance qui conduit ces derniers à prendre des mesures en catastrophe, tout en les justifiant par la nécessité de rétablir l'ordre pour éviter un mouvement de panique dans la population. Et bien souvent, comme l'illustre encore le cas récent de l'incendie de Lubrizol à Rouen en septembre 2019, ces mesures sont constitutives de la crise[25]. La crise de la Covid-19 vient étayer cette thèse. On l'a dit, jusqu'au début du mois de mars encore, l'idée la plus généralement répandue est qu'il s'agit, soit d'une « grippette », soit d'une fausse alerte (comme avec le MERS-CoV). En tout état de cause, le souci de ne pas reproduire l'erreur commise en 2009, à savoir une sur-réaction à un risque qui s'est avéré finalement très faible, domine très largement parmi les élites politiques et médicales françaises.

Le 5 mars, le président de la République réunit une trentaine d'experts pour évoquer la pandémie et les mesures à prendre. À cette date, aucun des participants n'est particulièrement inquiet et certains émettent même des doutes au sujet des prévisions de l'Imperial College de Londres qui serait coutumier des prévisions alarmistes[26]. Mais la situation s'emballe les jours

---

25. Olivier Borraz, « Lubrizol : pourquoi la "gestion de crise" à la française est dépassée », *The Conversation [en ligne]*, 3 octobre 2019.
26. Voir à ce sujet Jacques Pezet, « Checknews : les prévisions de Ferguson, qui ont conduit de nombreux pays à se confiner, étaient-elles fantaisistes ? », *Libération*, 3 juin 2020. On y apprend notamment que certains de ses collègues appellent Neil Ferguson « le maître du désastre ».

suivants : le 6 mars, le Plan blanc est activé dans les hôpitaux, le 8 mars le Conseil de défense interdit les rassemblements de plus de 1 000 personnes non indispensables à la vie de la nation, le 10 mars est créé le Conseil scientifique. Ce dernier présente le 12 mars au président de la République, entouré notamment de son Premier ministre, du ministre et du directeur général de la Santé, des modèles de prévision de diffusion du virus, dont l'étude de l'Imperial College mais également des données de l'Institut Pasteur. Ces modèles frappent par l'ampleur de la vague qu'ils dessinent (littéralement, sur les graphiques qui sont présentés) si aucune action n'est entreprise. Quelques jours avant, encore, ces analyses étaient jugées par certains experts exagérées ; mais elles prennent lors de la réunion du 12 mars une tout autre signification à la lumière des remontées du terrain de réanimateurs proches des membres du Conseil scientifique, qui font état d'une situation de plus en plus tendue dans leurs services et s'alarment de l'état dramatique des premiers patients, qui, de surcroît, s'aggrave très vite. C'est à ce moment qu'autorités et experts prennent conscience, d'une part, que la France ne dispose pas du stock de masques et de tests nécessaire à la mise en œuvre des mesures prévues par le plan Pandémie grippale, et, d'autre part, que les capacités hospitalières seront rapidement débordées par l'arrivée massive de patients qui doivent être intubés[27], bloquant du même coup un grand nombre de lits et saturant de fait le système de soins.

27. À ce moment, les consignes médicales sur le degré de célérité qu'il convient d'avoir pour l'intubation ne sont pas claires. D'autant que les soignants craignent que les techniques de respiration artificielle non invasives (oxygène à haut débit et masques

Tous les témoignages recueillis insistent sur l'effet de sidération que provoquent ces informations. Le contraste est fort entre l'assurance sereine qui prévalait encore quelques jours plus tôt, concernant la maîtrise de la crise et la bonne préparation de la France, et l'effarement qui suit la présentation, le 12 mars, d'un « tsunami » qui risque d'emporter le système hospitalier et de conduire à un « carnage ». De cette panique émerge un remède radical, présenté par les experts comme « le seul possible » : le confinement généralisé de la population. Cette option n'est inscrite dans aucun plan et n'a jamais été testée, hormis en Chine et en Italie pour lesquelles il n'existe encore aucun retour fiable sur son efficacité, ni de données sur ses effets et ses conséquences, notamment sanitaires. Cependant, dans l'urgence, et faute de pouvoir adopter des mesures progressives et proportionnées, la solution « s'impose » (insistons bien sur le caractère presque mécanique que suggère l'usage de ce verbe). Précisément, nous reviendrons dans le chapitre suivant sur les conditions organisationnelles qui ont présidé à cette décision, et tenterons d'identifier, à partir des entretiens réalisés avec des personnes présentes à cette réunion, les arguments avancés pour la justifier. Pour l'heure, nous voudrions analyser trois questions qui demeurent en

---

de ventilation non invasive [VNI] essentiellement) favorisent une aérosolisation du virus et donc une contamination des personnels hospitaliers. Voir, sur ce point, le webinar du 12 mars à destination des réanimateurs, diffusé sur YouTube (plus de 250 000 vues) : https://www.youtube.com/watch?v=ORIWS9BS9R8 (consulté le 3 juillet 2020). Ce webinar a beaucoup marqué les réanimateurs que nous avons interrogés, en leur faisant craindre le pire et en contribuant au sentiment de peur dans les services. Le professeur Timsit, chef du service de réanimation de l'hôpital Bichat, y annonce une « catastrophe sanitaire », s'attend à un « boulot délirant », à « beaucoup de morts et beaucoup de larmes ».

suspens et qui traduisent le phénomène de panique qui entoure la séquence décisionnelle qui s'étend du 12 au 16 mars.

Tout d'abord, pourquoi avoir imposé cette décision à l'ensemble de la population française, au lieu de l'appliquer uniquement dans les territoires les plus touchés (notamment le Grand-Est et l'Île-de-France, mais également les Hauts-de-France) ? Nous émettrons l'hypothèse que, dans l'urgence, a prévalu une approche jacobine « franco-française » de la crise, suivant laquelle une gestion différenciée des territoires ou des populations face à un même risque n'est tout simplement pas envisageable, alors même qu'elle est mise en œuvre dans d'autres pays[28]. Les autorités françaises ne peuvent légitimement adopter une mesure qui contreviendrait clairement au principe républicain d'égalité de tous devant la loi – du moins tant que l'on ne dispose pas de données suffisamment solides, comme cela sera le cas au moment du déconfinement, pour démontrer que le pays connaît une diversité de situations face au risque, qui justifient des mesures proportionnées, donc un traitement différencié des territoires (avec la fameuse carte des départements en vert et en rouge).

Ensuite, comment analyser la succession d'annonces entre le 12 mars, date à laquelle le président de la République déclare la France en guerre contre un virus et décrète la fermeture des écoles à partir du lundi suivant, le 14 mars, lorsque le Premier ministre appelle à la fermeture, le soir même à minuit, des bars, des

---

28. Voir la tribune de l'historien et haut fonctionnaire Marc-Olivier Baruch, « Comment l'État s'est trouvé dé-masqué et dé-testé », *Acteurs publics*, 8 juillet 2020.

restaurants et de tous les lieux qui reçoivent du public, et le 16 mars, qui voit le président de la République imposer le confinement (terme qu'il n'emploie pas, il faut le souligner) généralisé du pays à compter du lendemain midi ? De prime abord, cette série de déclarations semble motivée par les images de parcs et de terrasses bondés durant le week-end, qui suggèrent que les Français n'ont pas pris la mesure de la gravité du danger. C'est du moins l'argument que font valoir tant le Premier ministre que le président de la République dans leurs allocutions respectives. Mais cette interprétation ne tient pas. La solution du confinement a été actée dès le 12 mars, et l'échelonnement des annonces poursuit en réalité deux objectifs : d'une part, ne pas susciter de panique au sein de la population, ou du moins un fort rejet de la mesure (souci qui, selon certains, expliquerait aussi que la CIC ne soit activée que le 17 mars) ; d'autre part, ne pas remettre en cause les élections municipales, dont le premier tour est prévu le 15 mars.

D'où, enfin, la troisième question : pourquoi ces élections ont-elles été maintenues ? Là encore, les éléments factuels manquent pour analyser cette décision. Mais on peut avancer deux pistes. D'une part, il est acquis que des partis politiques et le président du Sénat ont exercé des pressions sur le gouvernement pour que les élections se déroulent à la date prévue, en brandissant la menace que tout report serait interprété comme un acte autoritaire. Or, le confinement que le président de la République se prépare à annoncer relève déjà d'un registre sécuritaire, dont il ne sait pas encore s'il sera accepté par la population. De la même manière qu'il ne souhaite pas avoir recours à l'article 16 de la

Constitution qui lui donnerait pourtant les pleins pouvoirs, comme le pressent de le faire des membres de son entourage, il hésite à prendre une décision qui serait dénoncée comme un déni de démocratie. Il préfère au contraire, après avoir expliqué le 12 mars que la santé l'emportait sur l'économie, démontrer qu'il place la démocratie au-dessus de tout. D'autre part, la décision de mettre un processus électoral en pause n'est pas si facile à prendre. De fait, cela implique d'interrompre des procédures bureaucratiques lancées depuis des mois et qui mobilisent de très nombreuses organisations ainsi que d'importantes ressources, avec à la clef des enjeux juridiques lourds – le cas de la crise des missiles de Cuba offre de multiples exemples de mécanismes bureaucratiques quasi inarrêtables (Allison, 1971). Autrement dit, la décision d'annuler le premier tour des élections municipales revêtait un coût élevé et présentait des risques trop importants.

Cela étant, ces trois questions et les éléments de réponse que nous avons avancés démontrent bien l'état de panique dans lequel se trouvent les décideurs publics en ce mois de mars, devant l'ampleur d'un phénomène qu'ils ont tardé à reconnaître mais qui les oblige à revoir dans l'urgence leurs priorités. Or, les décisions qui sont prises à cette occasion, l'histoire le montrera peut-être, n'étaient probablement pas les plus adaptées. Notre propos ici n'est pas de critiquer ces décisions, mais bien de restituer la configuration dans laquelle des acteurs se trouvent contraints de choisir des options qui s'avèrent finalement, soit inadaptées, soit lourdes de conséquences, voire les deux à la fois.

2

Coordination, coopération et pouvoir

La gestion de la crise de la Covid-19 en France n'a pas provoqué un effondrement organisationnel, comme on aurait pu s'y attendre sur la base d'autres crises ou catastrophes antérieures majeures. Elle a, au contraire, engendré un phénomène, contre-intuitif de prime abord, de création d'organisations, que l'on a superposées. Afin de remédier, pensait-on, à ce qui a été identifié comme des manquements ou des erreurs de la part d'organisations existantes (notamment lors de l'alerte et de la collecte d'informations épidémiologiques), puis de répondre aux problèmes de coordination qui n'ont pas manqué de survenir, les autorités publiques ont entrepris d'en créer temporairement de nouvelles.

Pour rendre compte de cette profusion, nous formulons l'hypothèse, étayée par nos recherches passées (Borraz, 2008 ; Dedieu, 2013 ; Bergeron et Castel, 2018), que la coopération et la coordination demeurent le maillon faible – le « peu-pensé » – des dispositifs organisationnels, en particulier de ceux en charge de la préparation et de la gestion des situations de crise. Sans constituer encore une base empirique suffisamment solide pour tirer des conclusions définitives, plusieurs récits nous sont remontés de l'ensemble des territoires français, de la part de médecins, de fonctionnaires, de pompiers, etc., qui ont connu des difficultés à coopérer et qui se sont parfois affrontés dans de vaines luttes juridictionnelles. De nombreux acteurs publics, mais aussi des secteurs privé et associatif, nous ont révélé avoir agi de manière non coordonnée, parfois contradictoire, souvent en dehors des règles. Bien sûr, d'exemplaires solidarités se sont aussi inventées, notamment à l'hôpital. Mais, dans les deux cas, l'action collective s'est le plus souvent déployée en dehors de tout ce qui avait été programmé, prévu, anticipé. Cette crise sans précédent est donc aussi celle de l'inorganisation. Formidable paradoxe d'une société saturée d'organisations de toutes sortes, mais qui rencontre tant de difficultés à « organiser ces organisations ».

Frénésie organisationnelle et cercle vicieux bureaucratique

Bien que le pays soit déjà doté d'un arsenal de dispositifs de toute nature (Cellule interministérielle de crise [CIC], secrétariat général à la Défense et la Sécurité nationale [SGDSN], Santé publique France et ses cellules d'intervention en région [CIRE], etc.) et d'instruments organisationnels (Plans blancs, Organisation de la réponse du système de santé en situations sanitaires exceptionnelles [ORSAN], Organisation de la réponse de sécurité civile [ORSEC], etc.), on assiste, à partir du mois de mars et jusqu'au mois de juin, à la constitution d'un nouvel ensemble de structures, de process et de proto-organisations qui viennent s'ajouter aux organisations existantes, parfois même en en supplantant certaines ayant pourtant explicitement pour mission la gestion des crises, telle la sécurité civile.

Le Conseil scientifique et le CARE, deux créations organisationnelles au cœur de la crise[1]

L'un des éléments les plus marquants et les plus commentés fut la création d'un Conseil scientifique le 10 mars, officialisée et légitimée *ex post* par la loi d'urgence sanitaire votée le 23 mars. Les premiers membres sont des individus nommés *intuitu personae.* Seules leurs spécialités sont mentionnées. Outre son président, Jean-François Delfraissy, immunologiste reconnu pour son action au cours des épidémies antérieures (notamment le sida et Ebola), ce conseil rassemble trois infectiologues, un virologue, un épidémiologiste, un modélisateur, une anthropologue, un sociologue, une réanimatrice et un médecin généraliste. Bien que leur appartenance ne soit pas précisée, quatre appartiennent à deux organisations biomédicales de référence, spécialisées dans la lutte contre les épidémies : l'Institut Pasteur et l'hôpital Bichat.

1. Certains éléments des analyses qui suivent ont été publiés dans le quotidien en ligne *AOC [Analyse Opinion Critique]* : Olivier Borraz et Henri Bergeron, « Covid-19 : Impréparation et crise de l'État », *AOC*, 31 mars 2020.

A contrario, les administrations sanitaires, dont on aurait pu s'attendre à ce qu'elles en fissent partie, n'en sont pas membres au départ. C'est le cas de Santé publique France, nouvelle agence, qui a repris en 2016 les missions – tout à fait pertinentes pour la crise – de l'ancien EPRUS et de l'Institut de veille sanitaire (InVS), organisme de surveillance épidémiologique[2]. Aucun membre de Santé publique France ne fait partie du Conseil scientifique, mais il est mentionné, dans le compte rendu de sa réunion du 12 mars (première réunion officielle) que Geneviève Chêne, directrice générale de Santé publique France, « a participé au débat ». La mention de l'agence réapparaît à la quatrième réunion, le 23 mars, et pour les suivantes. Mais sa position dans ce conseil reste ambiguë, puisqu'elle est représentée par l'intermédiaire d'un « correspondant ». Santé publique France n'en est donc pas membre à part entière. Le Haut Conseil de la santé publique (HCSP) est également absent dans les premiers jours. Créé en 2004, il a pourtant parmi ses missions « de fournir aux pouvoirs publics, en liaison avec les agences sanitaires et la Haute Autorité de santé, l'expertise nécessaire à la gestion des risques sanitaires ainsi qu'à la conception et à l'évaluation des politiques et stratégies de prévention et de sécurité sanitaire[3] ». De fait, entre le 18 février et le 10 mars, il publie sept avis sur la gestion de la propagation du virus SARS-CoV-2. Son président, Franck Chauvin, apparaît néanmoins comme

2. Santé publique France a aussi repris les activités de l'Institut national de prévention et d'éducation pour la santé (INPES). De nombreuses campagnes de communication pour adopter les « gestes barrières » ont été conçues et diffusées par Santé publique France dans le cadre de ces activités.
3. Source : www.hcsp.fr (consulté le 21 juillet 2020).

« personnalité extérieure » le 16 mars (troisième réunion du Conseil scientifique), puis comme membre à part entière dans les comptes rendus à partir du 23 mars. Sa nomination sera officialisée par un décret en date du 3 avril[4], le même qui annoncera l'entrée au conseil d'Aymeril Hoang, « spécialiste des nouvelles technologies » et ex-directeur de cabinet du secrétaire d'État au Numérique, pour accompagner notamment le développement de l'application StopCovid. Membre du Conseil scientifique depuis sa création, le professeur Didier Raoult est mentionné dans le décret du 3 avril, alors qu'il a claqué la porte du conseil le 24 mars. Le 28 mars, le président du Sénat nomme Marie-Aleth Grard (ATD Quart Monde) pour représenter le « milieu associatif » au sein du Conseil scientifique pour la durée de l'état d'urgence sanitaire[5].

Durant cette crise, ou du moins pendant les mois de mars et avril au cours desquels des actions capitales ont été entreprises, le président et ses ministres invoquent la parole « scientifique » ou « le consensus scientifique » pour justifier leurs décisions – y compris celles qui ne ressortissent pas du registre médical à proprement parler, comme la tenue d'élections. Comment concevoir que l'on semble confier la gestion d'une crise à un Conseil scientifique, en engageant sa responsabilité sur des questions qui ne relèvent pas de manière évidente de sa juridiction ? Comment comprendre cette vision de la science dont on attend, à l'image de l'oracle de

---

4. Décret du 3 avril 2020 portant nomination des membres du comité de scientifiques constitué au titre de l'état d'urgence sanitaire déclaré pour faire face à l'épidémie de Covid-19.

5. *Journal officiel* n° 0076 du 28 mars 2020.

Delphes, qu'elle dise la vérité et délivre des avis entièrement objectifs ? La décision publique était-elle devenue la simple courroie de transmission d'une parole experte ? Bien sûr, aujourd'hui, quelques mois après ces jours cruciaux de la mi-mars, les différents protagonistes, du Conseil scientifique comme du gouvernement, n'ont de cesse d'expliquer que les rôles des uns et des autres étaient bien délimités : la science informe ou avise, le politique décide. Mais il fut un temps durant la crise où les frontières étaient moins claires[6]. On se souvient de la façon dont le gouvernement, et notamment Édouard Philippe, s'appuyait sur l'avis du Conseil scientifique pour justifier le maintien du premier tour des élections municipales : « Ils nous ont confirmé que le premier tour pouvait se dérouler [dimanche] en respectant strictement les consignes de distanciation et de priorisation des personnes âgées et fragiles que nous avons rappelées cette semaine », ce que des membres du Conseil scientifique, interrogés par *Libération*, ne nièrent pas[7]. De même, le gouvernement, et tout spécialement sa porte-parole, Sibeth Ndiaye, et le directeur général de la Santé, Jérôme Salomon[8], ont longtemps invoqué l'avis du conseil pour justifier de ne pas recommander le port du masque à d'autres personnels et professionnels que les seuls soignants[9].

---

6. Voir, par exemple, Raphaëlle Bacqué, Solenn de Royer, Olivier Faye et Chloé Hecketsweiler, « Macron et la "République des experts" », *Le Monde*, 27 mars 2020.
7. Emma Donada, « Checknews : le Conseil scientifique avait-il validé la tenue des élections municipales », *Libération*, 15 mars 2020.
8. Adrien Lelièvre, « Coronavirus : faut-il ou non porter un masque ? », *Les Échos*, 7 avril.
9. Signalons toutefois que, dès le 12 mars, parmi la longue liste des mesures recommandées par le Conseil scientifique (mais sans le mettre particulièrement en exergue), figure le « renforcement des mesures barrières pour se protéger soi-même et protéger

La loi d'urgence sanitaire[10] votée dans la foulée n'a pas permis de lever l'ambiguïté qui entoure ce dispositif inédit. Au contraire, on peut y lire que le « comité de scientifiques » a pour rôle « de se prononcer sur les mesures prises » (article 3131-26). Cette phrase interpelle car le Conseil scientifique n'a jamais eu à se prononcer que sur les mesures *à prendre*. Bref, cette loi n'a en rien éclairci le rôle de la science dans la gestion de cette crise.

Pour ajouter à la complexité et à la confusion, on apprenait le 24 mars la création, sans que celle-ci soit prévue dans la loi du 23 mars, d'un Comité analyse recherche et expertise (CARE), présidé par une titulaire du prix Nobel de médecine, composé de douze chercheurs et médecins, et chargé de se prononcer sur les questions relatives aux traitements et aux tests. Le terrain sur lequel était censé opérer ce deuxième conseil paraissait lui aussi bien occupé. Qu'il ait fallu éteindre (ou, plutôt, tenté d'éteindre) la polémique sur les propriétés de l'hydroxychloroquine n'est pas un argument convaincant. Constituer une deuxième instance *ad hoc* dont on ne connaissait pas davantage que pour la première les règles de fonctionnement et dont les modalités de recrutement ne correspondaient à aucune procédure connue, dépréciait un peu plus les

---

les autres, en s'assurant de la disponibilité des moyens types gels hydro-alcooliques et masques chirurgicaux pour les populations » (p. 5). Néanmoins, jusqu'à fin mars et la note sur les EHPAD, les masques ne seront plus abordés dans les avis du Conseil scientifique. Leur utilisation recommandée sera également rapidement évoquée dans l'avis du 2 avril en vue de la stratégie de post-confinement, avant d'être plus fermement mise en avant dans celui du 20 avril.

10. Loi n° 2020-290 du 23 mars 2020 d'urgence pour faire face à l'épidémie de Covid-19.

opérateurs dont les missions étaient ainsi phagocytées[11]. Se posait à nouveau la même question : pourquoi ne pas s'appuyer, par exemple, sur des structures comme l'Agence du médicament ou la Haute Autorité de santé ? Pourquoi créer une nouvelle instance dont on percevait difficilement l'articulation avec le Conseil scientifique et sa place dans le dispositif général de gestion de crise ?

Cette situation est doublement inédite. D'abord, parce qu'elle fait suite à des décennies d'une action publique qui s'est toujours tenue, à quelques exceptions près[12], à bonne distance de la science. On n'a jamais entendu les ministres du Travail, des Transports ou de l'Environnement légitimer leurs décisions ou leurs politiques en s'appuyant sur une recommandation d'experts scientifiques. La situation est sans doute plus marquée aux États-Unis, pays au sein duquel l'exécutif tient à bonne distance la science et les experts (Jasanoff, 2009 ; Nathanson, 2007), mais il est fréquent que les hommes politiques et les décideurs publics en France ne tiennent absolument pas compte des connaissances scientifiques, pourtant accumulées dans la durée, dans des domaines comme l'éducation, l'immigration, la sécurité intérieure, la santé publique ou les politiques sociales. L'exemple du changement climatique en est l'une des plus tristes illustrations.

---

11. On soulignera toutefois l'initiative de la ministre de l'Enseignement supérieur, de la Recherche et de l'Innovation, visant à faire remonter auprès de cette instance des idées et propositions des universités et centres de recherche. L'initiative aurait également pu être menée auprès du Conseil scientifique.
12. On pense à l'économie, omniprésente, avec des résultats qui interrogent s'agissant notamment de la crise de 2008...

La création de ce Conseil scientifique et du CARE est d'autant plus insolite que, nous l'avons déjà suggéré, les pouvoirs publics avaient à leur disposition de nombreuses structures d'expertise dans le domaine de la santé[13]. Le champ sanitaire a une expérience et un savoir-faire – peut-être uniques si on les compare à ceux d'autres champs d'action publique (éducation, ordre public, environnement, emploi, économie, etc.) – pour développer des mécanismes et des méthodes de production de guides de bonnes pratiques et formuler des consensus afin d'aider la décision et l'action en situation d'urgence et d'incertitude. L'expertise institutionnelle française dans le domaine de la santé est parmi les plus denses d'Europe : alliances (comme l'ITMO Santé publique ou l'AVIESAN[14]), agences, hauts comités, hautes autorités, instituts et organismes de recherche dédiés, sociétés savantes, académies, ordres professionnels, etc. Certes, les aspects « sociétaux » (qualificatif fréquemment employé par les médias) de la pandémie représentent des enjeux relativement nouveaux et pourraient expliquer la création d'une nouvelle organisation *ad hoc*. Mais ce conseil se caractérisant par sa forte coloration sanitaire, l'argument s'en trouve fortement atténué[15]. De fait, le 14 avril, Jean-François Delfraissy lui-même transmet au Premier ministre et au

13. Voir, par exemple, l'entretien de Didier Torny, « Gérer le Covid-19. Pourquoi l'État et l'exécutif ont tout oublié », *Mediapart*, 3 avril 2020 ; Linda Cambon, François Alla et Valéry Ridde, « Santé publique... », art. cité.
14. L'Institut thématique multi-organismes Santé publique fait partie de l'Alliance nationale pour les sciences de la vie et de la santé (AVIESAN), l'une des cinq alliances thématiques créées dans le cadre de la Stratégie nationale pour la recherche et l'innovation.
15. Nous retenons une acception ample du vocable et adjectif « sanitaire », qui inclut la santé publique et le champ biomédical.

ministre des Solidarités et de la Santé la proposition de créer un « Comité de liaison avec la société ». Elle entend répondre aux « voix » qui « de plus en plus [...] s'élèvent pour critiquer la gestion de l'urgence sanitaire resserrée autour d'un Conseil scientifique nommé par le gouvernement et mis en place de façon *ad hoc* ». « Mieux impliquer la société » doit permettre d'accroître « l'adhésion de la population », profiter de « l'expertise spécifique » des « organisations de la société civile (OSC) et des ONG » et permettre des « réponses locales »[16]. France Assos Santé et la Société française de santé publique soutiennent la proposition. Dans une lettre conjointe adressée au président de la République, le 21 avril, elles écrivent : « En situation de crise sanitaire, nous avons plus que jamais besoin d'une approche démocratique de la santé[17]. » Mais cette proposition restera lettre morte, ce que regrettent aujourd'hui certains membres du Conseil scientifique[18].

Autrement dit, il faut s'interroger sur les raisons qui ont poussé le président de la République à constituer en dehors de tout cadre réglementaire existant, deux instances *ad hoc* dont on ne connaît pas les règles de fonctionnement, qui ne disposent d'aucun moyen dédié et qui paraissent avoir travaillé en dehors d'un

---

16. Jean-François Delfraissy, « Une urgence sociétale : l'inclusion et la participation de la société à la réponse au Covid-19 », *Mediapart*, note du 14 avril 2020 (https://static.mediapart.fr/files/2020/04/22/une-urgence-socie-tale-linclusion-et-la-participation-de-la-societe-a-l-a-re-ponse-au-covid-19-1.pdf) (consulté le 3 juillet 2020).
17. Lettre de France Assos Santé et de la Société française de santé publique du 21 avril 2020 (https://www.france-assos-sante.org/wp-content/uploads/2020/04/200421-courrier-SFSP-FAS-comite-liaison-COVID-19.pdf) (consulté le 3 juillet 2020).
18. Florent Guénard et Jules Naudet, « Covid-19 et expertise sanitaire. Entretien avec Daniel Benamouzig », *La Vie des idées*, 1er juillet 2020 (https://laviedesidees.fr/Covid-19-et-expertise-sanitaire.html) (consulté le 3 juillet 2020).

solide ancrage institutionnel, du moins durant les premières semaines. Qu'est-ce que cela nous dit de la confiance qu'il place dans les institutions existantes ? Et si cette confiance est fortement érodée, alors comment expliquer que ces institutions ne soient pas en mesure de faire face à une situation pour laquelle elles ont été créées ? Faudra-t-il les supprimer à l'issue de cette crise ? Nous formulerons plus loin quelques hypothèses sur les raisons de cette création.

Coordonner la coordination

La liste des organisations créées ou recréées est longue, et ne s'arrête pas aux emblématiques Conseil scientifique et CARE. La coordination interministérielle a donné lieu à de nombreuses réorganisations en un temps très court. Après l'activation de la Cellule interministérielle de crise (CIC) le 17 mars, on apprend quinze jours plus tard à peine, lors d'une conférence de presse d'Édouard Philippe, que le général Richard Lizurey, ancien directeur général de la Gendarmerie nationale, travaille à une mission d'audit et d'évaluation de la coopération interministérielle dans le cadre de la gestion de l'épidémie de Covid-19. Cette nomination traduirait la difficile intégration des structures mises en place dès la fin du mois de février au ministère de la Santé et qui assurent la gestion interministérielle de l'alerte pandémique, dans le cadre d'une *task force* interministérielle (TFI) dirigée par le préfet Thomas Degos, avec la CIC, sous l'autorité formelle du Premier ministre mais sous pilotage effectif du ministère de l'Intérieur et notamment de son directeur de cabinet, Stéphane Bouillon, également préfet. Bien que la TFI ait été désarmée le 17 mars, tout laisse à penser que la collaboration entre les ministères de la Santé et de l'Intérieur demeure difficile jusqu'au mois de mai, le premier ayant mal vécu d'abandonner au second le pilotage de la crise et continuant de suivre au sein de sa propre cellule de crise l'évolution de la crise sanitaire. La nomination du général Lizurey pourrait également s'expliquer par la difficulté ressentie par l'ensemble des participants à la CIC, dans ses différentes composantes (Décision, Situation, Anticipation, Synthèse et huit CIC thématiques) ainsi que dans les cellules de crise activées à l'échelle de tous les ministères et qui doivent travailler en lien étroit avec la cellule interministérielle, à se repérer dans un système devenu très vite énergivore en termes de remontée et de production d'informations, sans qu'il soit clair pour la plupart de ces participants de savoir où et comment sont prises les décisions. Très vite domine le sentiment que les circuits d'information et de décision ne correspondent pas à ce qui a été défini dans la circulaire de 2012 actualisée en juillet 2019, et qui a précisément pour objet de détailler l'organisation gouvernementale de la gestion de crise. Du même coup, cette incompréhension contribue à accroître la confusion qui règne au sein du dispositif de gestion de crise, puisqu'elle amplifie les coûts de coordination et finalement la crise elle-même. Les documents que nous avons pu consulter résumant l'organisation d'ensemble et les processus de décision sont singulièrement difficiles à déchiffrer pour l'observateur extérieur et témoignent de tentatives désespérées pour mettre de l'ordre dans un ensemble de plus en plus complexe.

Quelques jours plus tard, le 14 avril, le Premier ministre confie à Jean Castex, ancien secrétaire général adjoint de Nicolas Sarkozy lorsqu'il était président de la République et très au fait des questions sociales et sanitaires (il a été directeur de cabinet de Xavier Bertrand au moment de l'épidémie de H5N1), la mission d'assumer la coordination interministérielle en vue de la fin du confinement. Il a pour mission de collaborer avec « l'ensemble des intervenants des trois cellules de crise aux ministres de la Santé, de l'Intérieur et de l'Europe et des Affaires étrangères, et notamment avec le secrétariat général de la Défense et de la Sécurité nationale et la direction générale de la Santé » (extrait de la lettre de mission). On compte alors à cet instant au moins cinq structures chargées de l'anticipation et du déconfinement : outre la mission Castex, une cellule à Matignon pour un plan de relance verte, le groupe Anticipation et stratégie (GASI) du SGDSN, la cellule de continuité économique du ministère de l'Économie et des Finances, et la CIC Anticipation.

L'inventivité institutionnelle ne s'arrête pas là : le 18 mai, le Premier ministre demande à Denis Robin, également préfet, « de transformer l'actuelle CIC en centre interministériel de crise » (lettre de nomination, signée par Édouard Philippe). Le *centre* remplace donc la *cellule* et doit être « armé » en cadres des ministères concernés (Santé et Intérieur) – confirmant implicitement que, jusque-là, ces deux ministères avaient travaillé très largement de manière disjointe. Symboliquement, le directeur du CIC est secondé par un directeur adjoint, Antoine Tesnière, qui travaillait jusque-là au cabinet du ministre de la Santé Olivier Véran. Le CIC doit se coordonner avec Jean Castex et Richard

Lizurey. Il devra également travailler avec le SGDSN et le Service d'information du gouvernement, deux autres acteurs de la coordination interministérielle. Il est enfin rappelé dans la lettre de nomination que le centre devra profiter du soutien du secrétariat général du ministère de l'Intérieur et de la direction générale de la Sécurité civile et de la Gestion de crise (DGSCGC), « notamment pour tout ce qui concerne la logistique du centre interministériel de crise » (*ibid.*).

Ainsi, en l'espace de quelques semaines, le dispositif gouvernemental de gestion de crise connaît des transformations régulières qui surprennent, alors que ce dispositif avait déjà fait l'objet de nombreuses réflexions et réformes dans les années précédentes pour tenir compte des retours d'expérience de crises passées ainsi que des exercices conduits au niveau national, mais qui traduisent la très grande difficulté qu'ont éprouvée les autorités pour s'approprier un dispositif complexe, à un moment où il leur fallait faire face à une situation à laquelle rien ne les avait préparées, à savoir le confinement de tout un pays. En témoigne l'absence remarquée de la sécurité civile dans la gestion de la crise. Si l'on constate bien la participation de la DGSCGC à la CIC, elle ne doit pas masquer le rôle très limité qui a été confié à des services dont la mission est pourtant de gérer les situations d'urgence. Que ce soit au niveau national, à la DGSCGC, ou localement, au sein des services départementaux d'incendie et de secours (SDIS), ces professionnels de la crise ont été rarement sollicités. Cela ne les a pas empêchés d'intervenir lorsqu'ils le pouvaient pour venir en aide aux structures hospitalières et aux EHPAD. Cependant, comme en témoigne un rapport de la Fédération nationale des sapeurs-pompiers qui a « fuité » dans la presse, ces services ont été tenus à l'écart alors qu'ils disposaient des « capacités opérationnelles[19] ». Ce rapport met notamment en avant le fait que la gestion de la crise a trop longtemps été entre les mains du ministère de la Santé, au détriment de la CIC qui avait vocation à piloter la crise. Il dénonce par ailleurs le recours à l'armée pour procéder à des transferts de patients d'un bout à l'autre de la France, un recours qu'il qualifie d'opération de communication, alors que des places étaient disponibles dans des cliniques privées à proximité. Il conviendra donc de comprendre pour quelles raisons les équipes de sécurité civile ont été tenues à l'écart d'une crise pour laquelle elles étaient préparées de longue date.

S'il est impossible, dans ce court essai, de détailler l'ensemble des créations organisationnelles qui ont également eu lieu en région, dans les villes ou à l'hôpital, on ne peut s'empêcher de voir dans ce mouvement conséquent d'inventivité organisationnelle la reproduction du cercle vicieux bureaucratique que Michel Crozier (1964) avait identifié il y a près de soixante ans, un réflexe institutionnel contre lequel rien (ou peu) ne semble avoir été fait. Selon ce modèle, le diagnostic que posent certains dirigeants sur l'existence de problèmes de coordination entre organisations, associées à la crainte de voir ces dernières plaquer leurs règles et procédures pour résoudre un problème considéré comme inédit et instrumentaliser ce problème pour défendre leurs intérêts et pousser leurs avantages, conduit à créer de nouvelles organisations ou missions qui nécessitent

19. Damien Delseny et Jean-Michel Décugis, « Covid-19 : le rapport choc des pompiers sur la gestion de la pandémie », *Le Parisien*, 4 juillet 2020.

à leur tour la création de nouveaux dispositifs (temporaires ou durables) pour coordonner un ensemble qui s'approche parfois du désordre. On est tenté de voir dans ce mouvement l'expression d'un tropisme typique de la technocratie française (publique et privée) qui ne peut concevoir une amélioration de la coordination et de la coopération autrement que par la nomination d'un leader aux qualités réputées exceptionnelles (ici le général Lizurey puis Jean Castex, lequel deviendra ensuite début juillet Premier ministre) et par la formation de nouvelles organisations, procédures ou technologies (Bergeron, 2018).

Le pouvoir comme déterminant de la coopération

Pourtant, la question de la coordination dans la crise, dont tout le monde concède qu'elle joue un rôle crucial, ne peut se passer d'une analyse en termes de relations de pouvoir. Elle ne saurait être résolue par la seule création d'organisations ou la formalisation de nouvelles procédures. Mieux, nous allons voir que la création d'organisations, comme le Conseil scientifique, doit s'interpréter avec ce cadre d'analyse.

L'exemplaire Conseil scientifique

Confrontés à une situation dont ils commencent à prendre conscience de la gravité, le président de la République et son gouvernement décident donc de s'appuyer sur un Conseil scientifique, dont la composition est à prédominance sanitaire, mais que

Jean-François Delfraissy lui-même compare à un « conseil de guerre » : « Fallait-il créer de toutes pièces un “conseil de guerre”, légalisé après coup, alors qu'existent déjà des instances scientifiques pérennes, Santé publique France, la Haute Autorité de santé, le Haut Conseil de la santé publique, la Conférence nationale de santé... chargées d'éclairer le politique en santé ? La question fait débat et “mérite d'être posée”, reconnaît Jean-François Delfraissy qui justifie cette décision par “la nécessité d'un changement de rupture” face à l'urgence[20]. »

La recherche en sciences sociales qui s'intéresse à l'expertise en général et à la gestion des crises en particulier s'est employée à décrire la variété des comités ou organes qui conseillent les décideurs comme celle des relations qu'ils entretiennent. La plupart des travaux montrent que les choix concernant la forme de ces comités, leur composition et le mandat qui leur est assigné traduisent ce que les décideurs en attendent et participent de ce que Graham Allison appelait la « politique bureaucratique » (1971). Toutefois, les modalités selon lesquelles cette activité de conseil se déploie concrètement ne se réduisent jamais à ce qui était initialement envisagé – soit que ce conseil outrepasse ses prérogatives initiales, soit qu'il contribue moins que prévu à aider le décideur. En somme, comme Leon Sigal (1978, p. 329) le résume, « l'idée qu'un comité consiste en un groupe de personnes distinguées et désintéressées qui se réunissent pour raisonner ensemble et trouver une solution à un problème urgent

20. Claire Legros et Pascale Santi, « Jean-François Delfraissy... », art. cité.

peut sembler normativement satisfaisante aux théoriciens de la démocratie libérale, mais sa correspondance avec la réalité est souvent difficile à prouver ». Précisons : comme dans le cas de l'expertise en temps normal, les relations entre les experts et les décideurs en temps de crise ne sont jamais neutres mais s'inscrivent dans des relations de pouvoir plus ou moins déséquilibrées (Borraz, 2008).

Quelle signification politique peut-on dès lors prêter à la création du Conseil scientifique ? Il est trop tôt pour tirer de fermes conclusions, et des recherches empiriques plus conséquentes seront nécessaires. Remarquons cependant, sur la base des enseignements tirés d'autres travaux scientifiques, que la constitution d'un tel conseil, composé d'un nombre limité de chercheurs à dominante disciplinaire en sciences sanitaires, sans que ne soit en parallèle activée la CIC, favorise une gestion élitaire, typique de certains modes de gouvernance de la santé publique en France (Berlivet, 2000 ; Bergeron et Castel, 2018) : un président de la République, son Premier ministre et son ministre de la Santé, équipés dudit conseil. Pareille formation resserrée aurait une vertu essentielle : maximiser la capacité de décision autonome du décideur, en ce qu'elle permettrait de ne pas se lier à des acteurs qui pourraient exercer une contrainte (donc du pouvoir) sur la capacité de décision du gouvernement. Dans le cadre de la gestion des attentats de *Charlie Hebdo* en 2015, Bernard Cazeneuve a ainsi court-circuité la CIC en créant un organe restreint opérationnel, appelé « le fumoir ». Cette décision est une réponse immédiate à l'échec d'une opération du Raid menée à Reims le soir de l'attentat, à l'issue de laquelle le ministre de l'Intérieur diagnostique un manque de coordination des forces de l'ordre (police et gendarmerie). Elle lui offre aussi une prise opérationnelle directe sur la gestion de la crise[21]. C'est aussi la stratégie adoptée par Kennedy lors de la crise des missiles de Cuba quand il rassemble autour de lui, durant les fameux « treize jours », « l'ExComm », soit une douzaine d'experts issus de différentes administrations pertinentes (CIA, État-major des armées, secrétariat de la Défense, etc.). Le président américain y voit la solution pour ne pas répéter le fiasco de la baie des Cochons, dix-huit mois plus tôt, où il n'avait fait qu'entériner un plan préparé par les administrations (Allison et Zelikow, 1999). Citons encore l'Interim Committee dont se dote Harry Truman pour l'accompagner dans la décision de larguer la bombe atomique sur Hiroshima et Nagasaki (Sigal, 1978).

On peut donc certes concevoir la création du Conseil scientifique comme une tentative de l'exécutif de garder « à portée de main » un ensemble d'experts dans l'espoir de mieux maîtriser les décisions. Cependant, la stratégie du gouvernement diffère des cas précédents en ce que ce comité restreint ne s'appuie pas de manière centrale sur les administrations existantes mais sur des individus *intuitu personae.* Comment le comprendre ? Le non-recours aux multiples organisations d'expertise et de gestion de crise peut s'interpréter selon quatre schémas complémentaires tous inspirés par la théorie relationnelle du pouvoir. Il s'agirait d'éviter de faire venir autour de la table des décideurs et leurs conseillers d'organisations dont on sait :

21. « Un ministre de l'Intérieur face au terrorisme : entretien avec Bernard Cazeneuve », *Pouvoirs*, 158, septembre 2016, p. 139-152.

1) que leurs solutions n'ont pas la préférence des autorités publiques ; 2) que l'on considère avoir failli, comme ce fut peut-être le cas de Santé publique France au moment de l'alerte ; 3) qui sont en conflit entre elles, ce qui pourrait parasiter les débats ; 4) ou dont les routines et process organisationnels retirent aux autorités publiques le contrôle sur les décisions qui scandent la mise en œuvre des solutions choisies.

Mais une telle stratégie a aussi potentiellement des coûts. D'abord, on peut se poser la question de savoir si, en ne s'appuyant pas directement sur l'expertise des agences et autres organisations de santé publique, les informations qui parvenaient au Conseil scientifique et au gouvernement n'ont pas perdu en quantité et en qualité. La présence du « correspondant » de Santé publique France à partir du 23 mars et la cooptation du président du Haut Conseil de la santé publique trahissent peut-être cette prise de conscience. Dans la même veine, dans sa note du 14 avril, Jean-François Delfraissy reconnaît, cette fois explicitement, un manque de connaissances et justifie ainsi la création d'un comité de liaison : « [l]es organisations de la société civile (OSC) et les ONG ont une expertise spécifique que n'a pas l'administration. Elles ont une excellente connaissance de la diversité des milieux sociaux et, notamment, des catégories de la population les plus vulnérables. Elles ont une capacité à comprendre, interpréter et faire remonter les opinions et les attentes venues des territoires[22] ». L'évolution de la position occupée par le Conseil scientifique semble corroborer

22. Jean-François Delfraissy, « Une urgence sociétale », art. cité

cette hypothèse, puisqu'au fur et à mesure de la crise, on observe un resserrement des relations avec les organisations contre lesquelles il avait été au départ conçu : à la fois pour obtenir les données et les informations dont il a besoin pour rédiger ses avis ; mais également pour mieux s'inscrire dans un ensemble institutionnel déjà dense, nous l'avons déjà souligné, et ainsi asseoir sa réputation (Carpenter, 2010), non en dehors de celui-ci mais au contraire en son sein.

Ensuite, la composition du Conseil scientifique, dominée par les experts sanitaires, malgré la présence d'une anthropologue et d'un sociologue, et, plus tard, d'une représentante associative et d'un expert en numérique, n'a-t-elle pas nui à la diversité des solutions envisagées ? Le psychosociologue Irving Janis a forgé le concept de *groupthink* (1972) pour décrire la tendance de certains groupes à la cohésion et à l'esprit de corps, un phénomène qui serait à l'origine de grandes « erreurs » politiques. C'est précisément ce qu'a cherché à éviter Kennedy en diversifiant la composition de l'ExComm et en animant lui-même le groupe, comme ses propres enregistrements secrets l'ont révélé (Gibson, 2012). Dans le cas du Conseil scientifique, on est frappé par les témoignages répétés de ses différents membres, affirmant qu'ils n'avaient « pas le choix ». En l'espèce, tout ce qui suit n'est que pures conjectures, mais d'intéressantes questions méritent d'être posées : le maintien des élections municipales aurait-il été une décision plus difficile, voire impossible, à prendre pour le gouvernement si des organisations de patients et de leurs familles ou des représentants de municipalités avaient été présents au sein du Conseil scientifique ? La solution du confinement aurait-elle été retenue si des organisations savantes spécialistes de l'économie, de l'emploi, de l'éducation ou de la pauvreté ou des juristes en avaient été membres ? Le choix d'un confinement sélectif, tenant plus manifestement en compte les disparités régionales que pointaient quelques données épidémiologiques disponibles à ce moment, n'aurait-il pas eu plus de chances d'être accepté et recommandé si des chercheurs travaillant sur les politiques locales et les rapports État/régions avaient participé aux discussions ?

Enfin, ce que le dirigeant gagne (ou plutôt croit gagner) en autonomie de décision, il le perd souvent en capacité de mise en œuvre. Il prend le risque de susciter la contestation de ceux qui n'ont pas été associés aux débats et de ceux qui veulent pointer, après coup, les dysfonctionnements dans la gestion de la crise, en insistant justement sur le caractère élitaire de cette dernière, trop lestée par le point de vue médical. Ici aussi, la proposition de créer un comité de liaison répond pour Jean-François Delfraissy au besoin de « réponses locales », et on a pu constater que le gouvernement, dans ses discours, accordait de plus en plus de crédit aux acteurs locaux au fur et à mesure de l'avancée de la crise. Doit-on y voir une reconnaissance d'un manque de prises sur la mise en œuvre des décisions ? L'avenir nous le dira peut-être.

Le dernier point de notre démonstration consiste à déconstruire les relations entre le gouvernement et le Conseil scientifique. Le gouvernement a-t-il pu prendre des décisions de manière autonome ? Et le Conseil scientifique s'est-il cantonné à son rôle d'éclaireur ? Il faut, pour commencer, pointer l'illusion qui consiste à croire que ce conseil s'est prononcé simplement sur les seuls sujets qui relevaient de sa compétence : le sanitaire (argument 1). C'est une conclusion désormais rebattue pour les historiens et les sociologues des sciences : de nombreuses délibérations qui se déploient dans des enceintes pourtant strictement scientifiques intègrent, explicitement ou implicitement, des considérations qui sont plus manifestement d'ordre moral, social ou politique. Même sur des sujets aussi techniques que l'autorisation de mise sur le marché des médicaments, des chercheurs comme Boris Hauray (2005) ont montré que les médecins, les épidémiologistes et les chercheurs prenaient en compte dans leurs avis nombre d'enjeux politiques et moraux. Il ne fait guère de doute que pareils types de considérations ont ainsi irrigué les discussions entre les membres du Conseil scientifique, lesquels ne sont pas plus légitimes que d'autres représentants (d'entreprises, de syndicats, de citoyens, de mairies, etc.) à se prononcer sur ces questions. L'argument qui consiste à dire que le Conseil scientifique se prononce sur les seules questions scientifiques et que c'est le décideur public qui intègre d'autres éléments « plus sociétaux » pour prendre sa décision ne tient donc pas.

Mais on peut aller plus loin et faire l'hypothèse que la capacité des avis du conseil à questionner les objectifs de l'exécutif, voire à s'y opposer, dépend de sa plus ou moins grande interdépendance (argument 2) : conscient, au tout début de l'épidémie, d'être au cœur de la décision publique dans un moment historique, le Conseil scientifique ne s'est pas formellement opposé au maintien des élections, alors que ce point a surpris nombre de professionnels de santé et de santé publique[23]. En revanche,

23. Cette annulation du premier tour de scrutin pouvait aussi se justifier, *a minima*, en vertu du principe de précaution. Ajoutons que le second tour des élections municipales

quelques semaines plus tard, à mesure que s'élargissait le cercle des participants à la gestion de la crise (CIC, SGDSN, Mission Castex, CARE, HCSP, autres agences sanitaires, etc.), et donc que sa position centrale s'effritait, il pouvait alors se permettre d'émettre des avis plus orthogonaux par rapport aux préférences gouvernementales. Ce fut spectaculairement le cas lorsqu'il a contesté, dans son avis du 20 avril 2020, le bien-fondé de la décision présidentielle de rouvrir les écoles le 11 mai. Par la suite, sa note sur les conditions sanitaires de la réouverture le 24 avril compliquera encore considérablement sa mise en œuvre. C'est là une ancienne, mais toujours valide, conclusion de la sociologie des organisations : l'expression de la libre parole est modulée par le pouvoir. À mesure que l'interdépendance des relations entre le gouvernement et le Conseil scientifique s'affaiblissait, des positions plus abrasives pouvaient s'affirmer publiquement. Ainsi s'explique peut-être le constat que faisait *Le Monde* du 18 juin 2020, dans un article consacré à Jean-François Delfraissy : « Depuis sa nomination il y a trois mois, ce n'est pas la première fois que Jean-François Delfraissy impose son rythme. Au fil des semaines, on l'a vu afficher de plus en plus ouvertement son indépendance et celle du conseil, organisant avec soin ses sorties médiatiques, à distance de celles du gouvernement[24]. »

À la gestion élitaire a, en effet, succédé une gestion multipolaire, dans laquelle la parole scientifique est *de facto* devenue moins contrainte. Le Conseil scientifique

---

qui s'est tenu le 28 juin 2020, à un moment où les messages du gouvernement sont rassurants concernant la dynamique de l'épidémie sur le territoire national, a cependant été maintenu sous condition de porter un masque de protection dans la salle de vote...

24. Claire Legros et Pascale Santi, « Jean-François Delfraissy... », art. cité.

a donc vraisemblablement intégré des considérations politiques ou morales dans ses avis (argument 1), lesquels ont dû également être travaillés par la relation de pouvoir, changeante au fil du temps, qui l'a uni au gouvernement (argument 2).

Terminons en soulignant l'importance des conséquences qu'a certainement eue l'asymétrie d'expertise entre le gouvernement et le Conseil scientifique sur les questions sanitaires, en particulier dans les quelques jours de la mi-mars où les décisions les plus importantes ont été prises (argument 3). Un célèbre politiste, Peter Haas, qui a longtemps travaillé sur les relations entre science et politique, surtout au niveau international, définissait au début des années 1990 ce qu'il nommait les « communautés épistémiques » comme un réseau d'acteurs « disposant d'une compétence reconnue dans un domaine particulier et qui revendiquent avec autorité leur connaissance dans ce domaine » (Haas, 1992, p. 3). Ces communautés, qui peuvent réunir des professionnels issus de disciplines variées, ont tendance à se constituer quand les acteurs nationaux ne parviennent pas à se coordonner. Sa réflexion concernait les situations ou les enjeux pour lesquels une coordination paraissait nécessaire, notamment parce qu'il existait une forte dépendance entre États : les choix politiques des uns influent sur ceux des autres, dans nombre de domaines comme l'économie, la santé ou l'environnement, par exemple. Le raisonnement de Haas était le suivant : l'incertitude liée à la complexité et à la technicité de certaines « questions » internationales contemporaines (notamment en situation de crise) pousse les décideurs politiques (au sens large) à rechercher des informations, qui, selon lui, ne sont pas d'ordre principalement technique mais interprétatif : ce que cherchent les décideurs politiques, ce sont moins des faits qu'une interprétation de la situation pour les guider dans l'action. En situation d'incertitude, « il devient difficile pour les dirigeants d'identifier leurs alliés potentiels, de définir avec certitude quelle est la stratégie qui leur permettra de garder l'avantage » (Haas, 1992, p. 14). Les acteurs ont alors plus de mal à circonscrire leurs intérêts et donc leurs stratégies, et il y a dès lors place pour un apprentissage cognitif. Comme il le dit lui-même, les informations recherchées concernent non seulement les processus sociaux ou physiques, mais surtout « leurs relations avec les autres processus sociaux ou physiques et [...] les conséquences probables des actions qui requièrent une compétence importante en matière scientifique ou technique » (Haas, 1992, p. 4). En éclairant les problèmes sous des jours particuliers, en définissant le spectre des solutions possibles, en les hiérarchisant, etc., les expertises contribuent à pointer, voire à définir, certains des intérêts que les décideurs défendront dans le cadre des politiques publiques en question.

Si l'on applique ce cadre interprétatif au cas du Conseil scientifique, on peut se demander si celui-ci n'a fait qu'« éclairer la décision politique », comme le gouvernement et ses membres l'affirment à l'envi, ou s'il n'a pas plutôt, pour continuer de filer la métaphore lumineuse, dirigé la lampe sur certaines dimensions et conséquences de la pandémie (d'ordre sanitaire essentiellement), contribuant, par la formation d'un diagnostic particulier, qui lui-même orientait vers des solutions particulières, comme le confinement[25], à

---

25. Il faudra, bien sûr, déterminer si un phénomène d'isomorphisme mimétique (entre pays) a joué, et dans quelle mesure, dans l'adoption de cette solution singulière. Le

définir certains des intérêts des décideurs publics. En d'autres termes, le Conseil scientifique n'a-t-il pas, dans cette situation de crise et d'incertitude, par la mobilisation d'interprétations spécifiques et bénéficiant d'une forte asymétrie d'expertise, non pas informé, mais plutôt formé la décision politique ?

Finalement, les trois arguments que nous venons d'exposer suggèrent que la frontière entre le Conseil scientifique et le gouvernement, et la distinction entre les juridictions et missions de ces deux espaces, ne sont pas parfaitement claires, contrairement à ce que les uns et les autres n'ont eu de cesse d'affirmer. Ces arguments soulignent aussi l'importance des relations de pouvoir comme déterminant essentiel de la coopération et dans la formation des décisions du gouvernement. Cette conclusion ne doit pas être réservée aux jeux politiques qui se manifestent au plus haut niveau de l'État, mais peut aussi s'appliquer aux coopérations et décisions qui ont été formées par les médecins et les personnels hospitaliers à l'hôpital, et, d'une manière générale, à tout espace social.

Coopération et décision à l'hôpital : le cas de la réanimation

La presse et les médias ont contribué à former le récit d'une profession médicale menant un combat exemplaire contre un monstre sournois, inconnu et qui neutralise bien des stratégies préventives et thérapeutiques. Dans les interviews que nous avons réalisées

---

Conseil scientifique a-t-il porté, relayé, discuté ou renforcé la pertinence de cette solution ? Le gouvernement était-il déjà en faveur de cette solution et a-t-il simplement demandé au Conseil scientifique de réfléchir à ses implications ? Nous pensons volontiers que c'est la première option qui a prévalu.

auprès de cadres administratifs de santé, d'équipes de direction d'hôpital, d'infectiologues, d'anesthésistes-réanimateurs, de réanimateurs médicaux, de virologues, de spécialistes de l'hygiène hospitalière, de spécialistes d'organes, etc., il est presque systématiquement fait référence, au moins dans les premiers temps de l'entretien, à l'exceptionnel esprit de dévouement du personnel de santé et à l'éthique du soin comme fondement des relations, qu'ils qualifient eux-mêmes d'inédites, de coopération de tous avec tous. De nombreux professionnels soulignent ainsi, en dépit de la dureté des interventions, de la confrontation massive à des situations tragiques et de la fatigue qu'ils ont accumulée pendant des semaines, qu'ils ont accompli leur devoir animés par le sentiment d'assurer leur mission essentielle : soigner. Comme si les conflits et les querelles des « périodes normales » s'étaient évanouis dans l'urgence de la situation et par la force de cette tâche qu'il fallait mener à bien.

Nul doute que cet *ethos* est pour beaucoup dans l'effort sans précédent que l'hôpital a réussi à opposer au virus et à la maladie. Mais il paraît ne pouvoir s'épanouir que quand d'autres facteurs sont à l'œuvre[26]. On note en la circonstance une situation inédite d'alignement des intérêts et de suspension de la compétition. Tous nos témoignages convergent pour pointer l'existence de quatre conditions favorables à cette parenthèse : 1) les contraintes budgétaires ont été suspendues, l'administration répondant favorablement

---

26. Cet *ethos* est un facteur explicatif de faible puissance, car il anime également les professionnels du soin en « période normale » et n'empêche pourtant pas de nombreux conflits inter-services ou inter-pôles d'exister.

aux demandes (raisonnables) des services en termes de matériels et de ressources humaines ; 2) l'administration a entériné (au mieux) ou appris après coup (au pire) les décisions qui ont été prises par les équipes soignantes, ces dernières ayant disposé d'une grande latitude dans l'organisation de la réponse ; 3) il n'y a guère eu de compétition autour de la captation de patients, source récurrente de tensions et de difficultés entre équipes à l'hôpital et, d'une manière générale, dans le système de soins ; 4) la déprogrammation de l'essentiel de l'activité de l'hôpital a permis de neutraliser (provisoirement) les enjeux professionnels des différents acteurs, de libérer du temps disponible et donc d'aligner les objectifs de chacun[27].

Dans ce contexte singulier, la coopération à l'hôpital a pu parfois être fructueuse (entre personnels paramédicaux, ou entre infectiologues et réanimateurs médicaux, par exemple), parfois réduite au strict minimum (entre anesthésistes-réanimateurs et réanimateurs médicaux, qui se sont souvent ignorés). En réalité, dans n'importe quelle organisation, il suffit que deux conditions soient réunies, le financement non rationné et la suspension des activités traditionnelles, pour que la coordination et la coopération se développent. Autrement dit, selon nous, certains aménagements structurels expliquent plus efficacement l'entraide à laquelle nous avons assisté que l'« éthique du dévouement » mise en avant par les médias. D'ailleurs, quand ils n'ont

27. Pour beaucoup d'interviewés, la fonction essentielle du Plan blanc, par ailleurs inadapté à la gestion de ce type de crise comme nous l'avons vu plus haut, est celle de la déprogrammation des activités (en particulier chirurgicales) et la « libération » des personnels de leurs tâches habituelles.

pas été réalisés – en raison par exemple d'une certaine compétition sur les financements, sur la réputation scientifique (course à la publication dans des revues prestigieuses), sur les patients (pour l'inclusion dans des protocoles de recherche clinique), etc. –, les conflits ont été intenses, comme dans le cas des recherches et des essais *Discovery*, alors qu'il s'agissait parfois des mêmes personnels engagés : ceux qui ont coopéré sur les soins (conditions structurelles réunies) ont pu aussi être ceux qui se sont affrontés sur la recherche (conditions structurelles non réunies). Encore une fois, ce résultat de recherche préliminaire, qu'il conviendra d'étayer, confirme l'importance des relations de pouvoir dans la formation de la coopération et des décisions, et relativise le rôle des normes (professionnelles en l'espèce) et de la cognition comme facteurs de régulation des comportements organisationnels.

Gageons que l'existence de ces déterminants explique d'autres coopérations entre des acteurs qui, en « situation normale », au mieux s'ignorent et travaillent en silo (chacun dans son domaine), au pire sont en compétition, et que, réciproquement, leur absence (ou du moins celle de certains d'entre eux) permet de comprendre pourquoi des acteurs (publics, privés et associatifs) n'ont pas coopéré et ne se sont pas coordonnés, alors que cela aurait pu améliorer la réponse à la crise ou favoriser la création de biens collectifs ou privés nécessaires. On observera ainsi des réponses territoriales très différentes, selon que les préfectures, les ARS et les collectivités locales ont pu ou non collaborer. La gestion collective de l'accès aux masques dans un contexte de rareté, aggravée par la préemption desdits masques par la santé, constitue à n'en pas douter un domaine où les dynamiques collectives, entre coordination et concurrence, seront importantes à analyser. De même, le secours aux populations vulnérables, la réouverture des écoles ou l'organisation des soins primaires pour constituer une première digue et retarder l'afflux des patients dans les hôpitaux, ont nécessité une coopération collective dont l'étude sera riche d'enseignements.

Encadré 2 : Les masques et les lits de réanimation

De nombreux analystes ont insisté sur les différences capacitaires des États (Suède, Allemagne, Corée du Sud, France, etc.) pour expliquer la variété des stratégies engagées : stocks de masques chirurgicaux et de FFP2, de matériel de protection (charlottes, sur-blouses, gants, etc.), de gel hydroalcoolique, de réactifs, d'écouvillons, de tests et nombre de lits de réanimation, pour ne citer que les instruments de lutte contre l'épidémie les plus significatifs et les plus médiatisés. Il ne faut pas, il est vrai, négliger l'importance de ce déterminisme « technique » dans l'explication non seulement des choix de stratégies nationales, mais également dans la compréhension des décisions prises et des actions menées à l'échelon local, par les médecins généralistes, les personnels des hôpitaux, les services d'urgence, les pompiers, etc. Ainsi, s'agissant de la réponse hospitalière, le problème de l'impréparation est fréquemment présenté par les journalistes, des collectifs de médecins et certains sociologues comme une conséquence des plans de réduction de la dépense publique et des politiques de rationalisation de l'offre de soins hospitaliers, entraînant une diminution fort dommageable du nombre de lits, et en particulier de lits de réanimation.

Dans le Grand-Est, dans l'Oise, et en Île-de-France, pareils débordements des capacités se sont tragiquement manifestés (quoique certainement dans des proportions fort variables suivant les lieux). Mais cette « explication capacitaire » n'est pas totalement convaincante, car elle identifie le problème comme la conséquence arithmétique d'une rencontre déséquilibrée entre une offre de lits (de réanimation) et une demande qui la dépasse. Elle ne permet pas, en particulier, de comprendre pourquoi, toutes choses égales par ailleurs (nombre de lits, nombre de patients et type de patients comparables), certains hôpitaux sont parvenus à éviter un engorgement massif, tandis que d'autres se sont trouvés vite dépassés. Nos entretiens réalisés à l'hôpital permettent de poser une hypothèse préliminaire : ils montrent qu'il existe une chaîne d'interdépendance entre toutes sortes d'acteurs qui filtrent la population contaminée, de la maison au lit de réanimation, pour ainsi dire : les directions d'EHPAD, quand elles ont pu le faire, les médecins généralistes, le SAMU[28] et parfois les sapeurs-pompiers sélectionnent, sur la base de critères médicaux bien précis, ceux qui doivent aller aux urgences ; les urgences choisissent ceux qui doivent être hospitalisés ; les infectiologues (ou spécialistes d'organes) dans ce que l'on a appelé les « services Covid », décident, en lien avec les réanimateurs, qui doit aller en réanimation ; et les réanimateurs choisissent ceux qui doivent avoir une assistance respiratoire non invasive, et ceux qui doivent être sédatés (curarisés) et intubés. Autrement dit, l'existence de plusieurs opérations de régulation et de sélection des patients rend réductrice la simple analyse par le nombre de lits. Nous préférons faire l'hypothèse, fidèle à l'approche que nous développons dans cet ouvrage, que les lieux où le nombre de lits a été trop limité, au-delà des cas que nous avons évoqués plus haut[29], sont aussi ceux où les

---

28. Voir le rôle de la plateforme mise en place par l'AP-HP et qui, de l'avis de nombre de nos interviewés, a fort bien fonctionné comme opérateur de la régulation des flux.
29. Ainsi, par exemple, des hôpitaux proches d'importants clusters, comme celui de Mulhouse (et en début d'épidémie quand de nombreuses voix légitimes de la réanimation, notamment italiennes, conseillaient d'intuber très vite) – il y a fort à parier que n'importe quel hôpital européen à proximité de tels foyers aurait été tout aussi débordé – ou encore des régions où il existe une forme de désert hospitalier et qui ont une population comportant de nombreux facteurs de risques (comorbidités) comme en Seine-Saint-Denis.

conflits (ou l'absence de coopération) tout au long de la chaîne, allant de la maison à la réanimation, ont été les plus nombreux. La question de la disponibilité des masques dans les départements peut également être saisie à travers ce cadre d'analyse. Les premiers éléments de connaissance concernant la stratégie d'un service départemental d'incendie et de secours (SDIS) sont instructifs : dans un département, plutôt rural, un colonel des sapeurs-pompiers décide le 16 mars de s'intéresser à la fabrication locale de masques de protection. Un ami médecin qui travaille dans un CHU d'un autre département lui fournit un « patron » pour fabriquer des masques en tissu. Le 17 mars, ses équipes parviennent à faire fabriquer dix prototypes qui sont testés par des sapeurs-pompiers de garde. Parallèlement, il indique au préfet du département qu'il ne lui reste que huit à dix jours d'autonomie en masques, s'ils sont utilisés sur toutes les interventions (notamment quand ils arrivent aux urgences), ce qui lui semble souhaitable, et lui signifie également avoir lancé la fabrication de masques en tissu. Le préfet, nouvellement nommé, lui répond en substance : « Débrouillez-vous, je n'ai pas de solution pour les masques... » Il ne réagit guère, non plus, à la production du fameux masque en tissu, ni autorisée, ni interdite. Cependant, deux jours plus tard, le colonel tient de source sûre que le préfet a fait part au cours d'une réunion des préfets de la zone, le soir du 17 mars, d'une initiative locale de fabrication de masques en tissu, évidemment sans citer le SDIS. Il est également probable que le même préfet en ait parlé à l'exécutif local, personnage politique d'envergure nationale. Quelques jours plus tard, le colonel apprend que deux entreprises locales se lancent également dans la production de masques en tissu, sous l'impulsion de l'élu, sans qu'il en soit informé. Qu'à cela ne tienne, se dit-il, les deux initiatives sont complémentaires. Autre élément difficile à comprendre : la position de la direction générale de l'Armement (DGA), chargée alors de l'homologation des masques en tissu. Un masque d'une grosse société, réalisé dans la même matière que celle du SDIS, est envoyé à la DGA. Compte tenu du fait que le tissu en question avait subi neuf mois de test en 2019, la DGA valide officieusement le prototype, puis fait publiquement volte-face, pour valider de nouveau l'équipement neuf jours plus tard. Neuf jours très précieux sont ainsi perdus. L'initiative n'est guère connue en France. Elle est en outre lancée à une époque où le gouvernement n'estime pas, quand il prend officiellement la parole, que le port du masque soit nécessaire. Cependant, cet exemple d'une consternante banalité exprime une nouvelle fois la manière dont la compétition institutionnelle et l'absence de coopération entravent l'efficacité de l'action publique. Dans le cas des lits, la coopération/le conflit affecte positivement/négativement l'accès à des ressources limitées (lits de réanimation). Dans le cas des masques, le conflit obère la capacité à élargir un stock de ressources stratégiques.

Les développements qui précèdent n'ont pas pour ambition de « tirer sur l'ambulance ». Nous voulons pointer l'existence de phénomènes, dont il faut, selon nous, comprendre la signification puis les déterminants. Que nous dit la création *ad hoc* de deux conseils scientifiques ? Que signifie la faible mobilisation de plans, d'outils et de dispositifs pourtant destinés à répondre à une telle crise ? Pourquoi certains acteurs ont-ils tant d'audience et d'autres sont-ils plus silencieux ? Le gouvernement se méfie-t-il de ses institutions ? Souhaite-t-il ne pas inviter à la table des réflexions des organisations en conflit entre elles ou avec lui ? La nomination du général Lizurey pour « évaluer l'organisation interministérielle de la crise » est-elle une décision tout à fait anecdotique, alors que l'on a déjà activé la CIC ?

Vingt années de recherche dans le champ de la santé et ses politiques nous ont permis d'étudier en profondeur comment la compétition, les tensions et les conflits structurent la réponse qu'offrent les soignants aux patients, les choix de recherches ou encore la formation des politiques publiques : les conflits entre l'anesthésiste et le chirurgien, entre l'anatomo-pathologiste et l'investigateur principal d'un essai de médecine personnalisée en oncologie, entre la ville et l'hôpital, entre la direction générale de l'Offre de soins (DGOS) et la DGS, entre l'INPES et l'InVS au moment de leur intégration dans Santé publique France, entre le ministère de l'Agriculture et celui de la Santé concernant les politiques alimentaires, etc. Chaque fois, nous avons montré que ces tensions, conflits et compétitions juridictionnelles perturbent la coordination entre acteurs. Devant ce constat récurrent, les plans des différents ministres de la Santé ont toujours manifesté le souci d'améliorer la coordination et la coopération entre acteurs : Schéma régional d'organisation sanitaire (SROS), pôles hospitaliers (qui regroupent depuis 2007 différents services), réseaux de soins ou de santé, fusion d'hôpitaux, groupements hospitaliers de territoire (GHT), communautés professionnelles territoriales de santé (CPTS), etc. La coopération et la coordination sont les points faibles de nos fonctionnements organisationnels. La crise rend leur fragilité plus saillante encore.

Les sciences sociales, et singulièrement la science politique et la sociologie, permettent de penser, sans passion, c'est-à-dire sans répulsion, ni fascination, le conflit et les conditions de sa réalisation, dans le but d'aider à lui substituer la coopération en créant les conditions de son épanouissement. Nous ne pouvons plus nous contenter d'osciller entre les récits de l'ingéniosité d'individus d'exception devenus solidaires et la litanie des querelles soi-disant corporatistes autour d'un possible traitement, ou la vindicte des propos de formations politiques situés à chaque bout du continuum politique. C'est l'irénisme ou, à l'inverse, l'extrémisme agonistique qui nourrissent le complotisme et le populisme.

3

Que faire ? Comment tirer les leçons et former les décideurs

À l'heure où nous achevons l'écriture de ce livre, la crise du Coronavirus est loin d'être achevée. Avec les premières semaines du déconfinement, on mesure encore mieux peut-être à quel point cette crise dépasse le seul cadre sanitaire. Les premiers licenciements massifs ont été annoncés et de grandes entreprises mettent la clé sous la porte. Les prévisions de baisse de croissance économique ne cessent de s'aggraver. Des protestations et des mouvements sociaux ont redémarré qui, sans s'inscrire directement dans la crise de la Covid-19, laissent apparaître des liens plus ou moins affirmés avec elle. On ne peut qu'être frappé par la temporalité du mouvement mondial *Black Lives Matter* contre les violences policières, au moment même où les pays commençaient à relâcher l'étreinte du confinement. Pour l'historien Pap Ndiaye, l'émergence de ce mouvement, tout en gardant une part d'imprévisibilité, ne serait pas étrangère à la crise sanitaire et économique qui a durement frappé la communauté noire américaine[1]. En France, les premières manifestations, autour du décès d'Adama Traore, sont parties de Seine-Saint-Denis, un département particulièrement touché par le Coronavirus et ayant souffert du confinement, y compris dans le rapport à la police chargée d'en assurer le respect.

Même si l'on parvenait finalement à contenir la deuxième vague annoncée et même si notre « cohabitation avec le virus », pour reprendre les termes de Bruno Latour, se normalisait plus vite que prévu, cette crise sanitaire serait de toute façon suivie d'autres, de nature économique, sociale, écologique ou politique, ou de nouvelles épidémies de zoonoses. Bref, il y a fort à parier que, dans les années à venir, nos organisations économiques et sociales, nos capacités de gouvernement et, plus largement, nos institutions démocratiques seront à nouveau éprouvées par d'autres crises. Or, pour s'y préparer, il convient non seulement de se départir d'un certain nombre de réflexes habituels en période post-crise, mais aussi de repenser nos modalités de préparation à la gestion de crise comme, plus largement, la formation des décideurs.

---

1. Luis Lema, « Pap Ndiaye : "Les noirs ne veulent plus payer un impôt sur la couleur de peau" », *Le Temps*, 20 juin 2020.

Réorganiser les retours d'expérience[2]

À chaque crise son rapport ou, plus précisément, ses rapports : rapports d'enquête parlementaire, rapports d'inspection générale (Brunier et Pilmis, 2020), rapports d'experts, etc. Celle-ci n'échappera pas à la règle, avec d'ores et déjà trois rapports annoncés, deux émanant de l'Assemblée nationale et du Sénat, un troisième, et c'est inédit, commandé par le président de la République lui-même. À cela s'ajouteront certainement des retours d'expérience conduits dans les différents services de l'État, tant à l'échelon central que local. Enfin, n'oublions pas les enquêtes judiciaires qui vont s'ouvrir à la suite des nombreux dépôts de plainte déjà recensés contre des représentants de l'État. Ces rapports sont une source précieuse d'information en raison de l'important volume de données sur lesquelles ils reposent, souvent collectées à partir d'auditions et de sources écrites. Dans le passé, certains ont pu jouer un rôle important dans le dévoilement d'un scandale (par exemple, celui du Chlordécone aux Antilles) ou dans la mise en évidence de sérieuses défaillances (voir les rapports sur la tempête de 1999 ou la canicule de 2003). Quelques-uns ont même contribué à améliorer sensiblement la gestion de crise : modification des systèmes d'alerte, dispositifs de prise en charge des personnes isolées, déblocage de fonds d'indemnisation, etc.

2. Certains éléments d'analyse des deux sections suivantes ont été publiés dans le quotidien en ligne *AOC [Analyse Opinion Critique]* : Henri Bergeron, Olivier Borraz, Patrick Castel et François Dedieu, « Gestion de crise : comment tirer les leçons du coronavirus ? », *AOC*, 22 avril 2020.

Toutefois, ces rapports présentent également de sérieuses limites qui empêchent de tirer véritablement les leçons des crises. Tout d'abord, ils adoptent chacun un plan différent. Loin de s'inscrire dans une démarche de connaissance cumulative, ils tendent à singulariser l'épisode pour mieux identifier les dysfonctionnements sous-jacents et les responsabilités. Du même coup, au-delà du cas d'espèce sur lequel ils enquêtent, il est très difficile d'en dégager des enseignements transversaux. Certes, on peut les comparer, mais, parce que la collecte des données n'a pas été organisée selon un protocole ou une grille quelque peu similaire, il y aura toujours des différences significatives dans les informations disponibles. Ajoutons que chaque président ou rapporteur aura à cœur d'imprimer sa marque sur le rapport et de développer ses sujets de prédilection. La démarche qui prévaut dans les secteurs aérien et ferroviaire est tout autre : tous les accidents font l'objet d'une enquête menée sur la base d'une grille identique (définie internationalement dans le domaine aérien, nationalement pour le ferroviaire). Cette procédure permet de bâtir un socle robuste de connaissances sur les causes de ces accidents, en dépassant la singularité de chaque cas pour constituer un corpus d'événements dont il est ensuite possible de tirer des conclusions. Si des outils similaires existent pour les accidents industriels, rien de tel pour des crises ou des phénomènes qui surgissent dans d'autres domaines, pourtant parfois de plus en plus récurrents.

Ensuite, ces rapports tendent à privilégier la recherche de coupables – ou de héros – au détriment d'une compréhension des facteurs structurels ou systémiques qui ont créé les conditions de la crise. Scott

Snook (2000) note ainsi que chaque nouveau « tir ami » donne inlassablement lieu à une commission d'enquête *ad hoc* qui s'emploie à trouver ceux qui ont dérogé aux procédures ou qui les ont mal appliquées. S'agissant de la crise de la Covid-19, la presse et les commissions d'enquête, sans même parler des réseaux sociaux pour lesquels il s'agit quasiment d'une raison d'exister, se sont d'ores et déjà lancées dans cette quête. Tandis que Roselyne Bachelot se trouve réhabilitée onze ans après le fiasco de l'épidémie de H1N1, on recherche les responsables d'une alerte donnée trop tardivement, de la suppression des stocks de masques, du manque de tests diagnostiques ou de lits de réanimation, du maintien des élections municipales, etc.

Qui sont ces coupables ? Des individus, des organisations, des aspects techniques, technologiques ou organisationnels bien identifiés et très circonscrits. Et ce n'est pas un hasard. Ce que l'on pourrait qualifier de logique du bouc émissaire charrie un implicite rassurant : il semble plus facile et moins coûteux de remplacer des personnes, de dissoudre ou de fusionner des organisations (ou d'en créer de nouvelles comme le recommandait Agnès Buzyn lors de son audition devant la Commission parlementaire, le 30 juin 2020), ou de corriger des dysfonctionnements technologiques, procéduraux ou organisationnels, que de s'attaquer à des causes plus structurelles et systémiques. Ainsi va-t-on s'émouvoir du scandale du Chlordécone dans les Antilles et vouer à la vindicte ceux qui ont obtenu de continuer à utiliser cette substance interdite en métropole, sans juger nécessaire de revoir la procédure d'homologation des pesticides. Ainsi mettra-t-on l'accent lors de l'incendie de l'usine de Lubrizol à

Rouen en septembre 2019 sur le caractère périmé des sirènes, pour défendre l'adoption du *cell broadcast* (instrument d'alerte des populations *via* leur smartphone), sans s'interroger sur le rôle des plans de prévention et d'intervention dans le déclenchement de la crise. Ou bien encore, lors de la canicule de 2003, en rejetant la faute sur le ministre de la Santé, Jean-François Mattéi, et sur son directeur général de la Santé, Lucien Abenhaïm, on évite de s'interroger sur les faiblesses des outils de veille épidémiologique et de modélisation qui ne leur ont pas permis de prendre assez vite la mesure de la situation, pas plus que l'on ne se penche sur les conditions matérielles et sociales dans lesquelles plus de 15 000 personnes sont décédées en quelques semaines. Notons au passage que la vulnérabilité de certaines populations, y compris au regard de leurs conditions de logement (Emeruwa *et al.*, 2020), constituera un point crucial dans les futures analyses de l'épidémie de Coronavirus. Ainsi a-t-on plus souvent communiqué sur l'âge des victimes, pour suggérer que ce serait là le principal facteur de risque associé à la Covid-19, que sur les circonstances dans lesquelles elles sont décédées (et notamment le rôle des EHPAD), qui suggèrent pourtant, comme en 2003, l'existence d'autres défaillances. Tout laisse à penser que les leçons qui seront tirées du Coronavirus suivront cette même inclinaison. En juillet 2020, Éric Ciotti, député des LR des Alpes-Maritimes et rapporteur de la commission d'enquête parlementaire sur la Covid-19, déclarait dans les médias que l'État avait failli sur des points très particuliers, notamment sur la gestion des masques et celle des lits d'hôpitaux contraignant les soignants à opérer des « choix tragiques » (Dalgalarrondo, 2004) dans la sélection des patients, notamment chez les plus de 75 ans[3]. Que l'on se rassure, la situation n'est pas différente à l'étranger. Elle n'en demeure pas moins préoccupante dans un contexte marqué par l'occurrence de plus en plus fréquente de crises.

Pointer une responsabilité individuelle, organisationnelle ou technologique offre tout à la fois l'avantage d'identifier le problème et d'en proposer la solution. En France, les agences de sécurité sanitaire sont régulièrement réformées ou renommées après une crise. L'Agence du médicament a changé trois fois de nom depuis sa création et a connu des modifications d'organigrammes encore plus fréquentes. L'Agence nationale de sécurité sanitaire (ANSES) est le fruit d'au moins trois fusions. Santé publique France a également connu de nombreuses réorganisations. Il n'est pas besoin d'être grand clerc pour anticiper que l'une des premières mesures qui sera prise à l'issue de cette crise sera la réforme de cette dernière agence (avec probablement un changement de nom) accompagnée d'une réorganisation des ARS au niveau local, trop souvent mises en cause dans les médias pour ne pas sortir indemnes de l'épisode Covid. À travers ces rectificatifs, opérés à moindre frais mais très visibles aux yeux de l'opinion publique, on affiche la promesse que, pour la prochaine crise, on sera mieux préparé. Et tant pis s'il s'avère que la direction Alerte et crise de Santé publique France ne disposait pas des moyens pour remplir ses missions, tandis que les ARS n'avaient jamais été conçues pour gérer une crise de cette nature.

---

3. Quentin Marchal, « Coronavirus : Éric Ciotti dénonce "les défaillances" du gouvernement », *rtl.fr*, 31 juillet 2020 (https://www.rtl.fr/actu/politique/coronavirus-eric-ciotti-denonce-les-defaillances-du-gouvernement-7800700504).

Pourtant, les travaux en sciences sociales qui se sont intéressés aux catastrophes et aux accidents ont montré que leurs causes ne doivent pas être considérées comme isolées mais, nous l'avons dit, qu'elles ont au contraire une dimension fondamentalement systémique. Selon ces analyses, et à la suite des travaux séminaux de Martin Landau (1969) et Charles Perrow (1984), les dynamiques des crises résultent d'un ensemble de facteurs qui interagissent : décisions, difficultés à se coordonner et à communiquer, défaillances techniques, trop grand cloisonnement entre organisations ou, au contraire, trop fortes interdépendances, concurrence dans l'accès aux ressources rares, etc. Dans le cas du « tir ami » examiné par Snook (2000) lors de la guerre en Irak, l'auteur démontre l'enchevêtrement des facteurs, éminemment collectifs, certains s'inscrivant dans le court terme, d'autres dans le moyen ou le long terme (par exemple, la rivalité historique entre les différentes armées au sein de l'administration de la défense américaine), qui ont conduit à cet accident. Il regrette que la recherche de coupables empêche de voir ce que ces « tirs amis » ont de commun (sans nier une part de contingence) afin d'en limiter la fréquence. En adoptant pareille grille de lecture attentive à l'examen des faits, on pourrait se départir de la logique du bouc émissaire et de ses travers.

Inversement, la même logique de personnification prévaut dans les cas de crises dont les conséquences ont été moins délétères que ce qui avait été craint au départ : quelques individus se voient alors parés du statut de héros providentiel. Ainsi Kennedy a-t-il bénéficié d'une forte aura à l'issue de la crise des missiles de Cuba, une réputation savamment construite par ses proches conseillers. Mais cette « histoire officielle » a eu, selon certains spécialistes de la guerre froide, des conséquences fâcheuses. Gerald R. Hughes (2015) indique qu'on a plus retenu la nécessité de faire montre de fermeté plutôt que celle d'éviter la confrontation. La « légende » d'un Kennedy inflexible devant Khrouchtchev, démentie en partie par l'historiographie récente, explique peut-être le désastre vietnamien, la guerre en Irak ou encore la position vis-à-vis du nucléaire iranien. Une des vraies leçons de la crise aurait dû être, selon Hughes, que la supériorité nucléaire objective, comme celle des États-Unis sur l'URSS, n'était que d'une utilité limitée. Sans minimiser les mérites de Kennedy, on a oublié de souligner que Khrouchtchev avait aidé à la résolution de la crise et que Kennedy avait eu de la chance, selon Benoît Pelopidas (2017). La logique du héros providentiel peut ainsi être un frein à l'apprentissage organisationnel – y compris dans les théories du management (Bergeron, 2018).

Enfin, et nous y reviendrons plus bas, ces rapports sont très vite archivés. À la mise en scène qui entoure la constitution des commissions, les auditions puis la remise du rapport, succède, le plus souvent, un nouveau phénomène d'oubli. Il y aura certes quelques modifications, d'ordre technologique ou organisationnel, voire une loi. Mais la crise ayant été appréhendée dans sa singularité, très vite s'opérera un retour à la normale, tout juste marqué par une plus grande sensibilité à des situations susceptibles de rejaillir sur la réputation des organisations concernées ou de leurs membres. La peur de la mise en cause, qu'elle se traduise par un procès, une perte de réputation ou l'arrêt brutal d'une carrière, conduira les différentes institutions à se replier sur elles-mêmes et à laver leur linge sale en famille. Autrement dit, les savoirs acquis par l'expérience de la crise, s'ils existent, demeurent limités et discrets.

Aussi est-il crucial que l'État se dote d'outils plus fiables, qui ne considèrent plus les crises comme des événements singuliers qui sortent de l'ordinaire, mais au contraire comme des phénomènes récurrents dont on peut tirer des enseignements. La démarche à suivre doit être à la fois générique et cumulative : générique, au sens où la nature de la crise ne doit pas empêcher d'analyser ce qu'elle a de commun avec d'autres ; cumulative, afin d'assurer une réelle comparabilité des indicateurs. Une structure étatique autonome et indépendante, dotée de moyens, y compris légaux, pourrait être chargée de recueillir toutes les informations nécessaires auprès des différents ministères et organisations publiques engagées dans la crise, le tout dans un souci, non de recherche de responsabilités, mais de connaissance et d'apprentissage.

Pour ce faire, il convient que la collecte de ces données ne se fasse pas uniquement *ex post*, mais aussi pendant la crise, comme l'a suggéré Jean-François Girard, ancien directeur général de la Santé dans une interview donnée en pleine pandémie[4]. Les médecins de Bichat ont, par exemple, autorisé des anthropologues à accéder à leur hôpital dès les premiers jours de la crise pour observer la réponse collective[5]. Nous-mêmes avons

---

4. Christian Delhaye, « Pr Jean-François Girard : "Ce sont les crises qui nous ont permis de progresser" », *Le Quotidien du médecin*, 10 avril 2020.
5. Fanny Chabrol, Pierre-Marie David, Moritz Hunsmann et Oumy Thiongane, « Troubler le droit au respirateur. Une critique de la raison respiratoire », *Politique africaine*.

mené des entretiens à l'hôpital dès le mois d'avril, qui permettent de mettre à jour des éléments intéressants, mais sur lesquels on ne peut malheureusement pas avoir de connaissances définitives, faute de les avoir recueillies en temps réel (par exemple, nous ne saurons sans doute jamais comment les réanimateurs et les anesthésistes ont fini par comprendre que l'intubation ne devait pas être aussi systématique et rapide qu'on le pensait initialement). Pareille démarche aurait pu être déployée au sein des ministères, des agences et d'autres organisations encore. Elle soulève certes de nombreux problèmes, notamment en termes de confidentialité, de protection des données et de propriété intellectuelle, mais qui ne sont pas insurmontables. Les conditions de circulation des informations, les rumeurs, les modes de prise de décision *in situ*, l'origine des expérimentations et des innovations organisationnelles, les obstacles que les institutions ont dû lever, les dispositifs mort-nés, tous ces éléments recueillis *in vivo* constituent autant d'informations précieuses pour reconstruire *a posteriori* la dynamique de la crise. Elles le sont d'autant plus que le travail de rationalisation *ex post* n'a pas encore eu lieu. Elles permettent en outre de pallier un défaut récurrent des rapports, en produisant la liste des nombreuses initiatives organisationnelles qui ont pu voir le jour mais qui, n'ayant fait l'objet d'aucun récit, sont condamnées à l'oubli.

Précisons enfin que les dispositifs de retour d'expérience doivent être attentifs à l'un des acquis de la recherche en sciences sociales, celui de reconnaître

---

Le carnet de la revue, 8 juin 2020 (https://polaf.hypotheses.org/6586) (consulté le 26 juin 2020).

qu'en temps de crise, les procédures et les outils à la disposition des participants importent moins que la capacité de se coordonner. Des travaux français (Gilbert, 1990 ; Dedieu, 2013) et internationaux (Quarantelli, 1988) ont analysé la « guerre des urgences » qui a pu sévir, dans les premiers temps de la crise surtout, entre les différents services sur le terrain (pompiers, services médicaux, policiers ou militaires). De multiples remontées ont révélé l'existence de tels conflits, en partie provoqués par l'inadéquation entre les mesures planifiées et les réponses centralisées, et les ressources disponibles sur le terrain. La recherche a décrit la capacité des acteurs, du terrain à innover ou à bricoler des moyens de communication ou des modes d'organisation de circonstance. Ce fut particulièrement le cas avec la Covid-19 car le confinement a complexifié la coordination en limitant les interactions entre les différents acteurs, tandis que l'orientation très biomédicale et centralisée donnée à la gestion de la crise a nécessité davantage d'inventivité organisationnelle pour prendre en charge tous les enjeux de santé publique et sociaux que soulevait la pandémie. Cette crise peut à ce titre constituer un terrain d'étude exemplaire pour réfléchir aux conditions de cette coordination « sans hiérarchie », pour reprendre l'expression de Donald Chisholm (1989), qui fut largement à l'œuvre dans les hôpitaux, aux dires des professionnels que nous avons interrogés. L'objectif d'une telle réflexion n'est pas de pointer des manquements ou des erreurs, qu'il conviendrait ensuite de corriger, mais de prendre acte des conditions dans lesquelles la coordination et la coopération peuvent se poursuivre en contexte dégradé.

Tout ce qui précède doit permettre de lutter contre le phénomène de « désapprentissage » des organisations, qui finissent par oublier des connaissances, des procédures et des savoir-faire qu'elles ont développés et partagés collectivement. La foisonnante littérature consacrée à l'apprentissage organisationnel (*organizational learning*) et au management de la connaissance (*knowledge management*), en contexte privé essentiellement, a mis en évidence les nombreux facteurs qui contribuent à cette amnésie organisationnelle : mobilités des carrières, agendas organisationnels favorisant une vision à court terme ou encore économies budgétaires. Nul doute que les enseignements de cette recherche pourraient bénéficier aux administrations publiques en temps de crise. Il est clair, par exemple, que la mobilité des personnels de l'État, notamment dans les services en charge de la gestion de crise, ne facilite pas les processus d'accumulation des savoirs. Il n'est pas rare de voir dans les préfectures ou les services centraux des personnels élaborer des plans de crise durant plusieurs années, puis quitter leur poste sans que leur remplaçant bénéficie de leurs savoirs et expériences.

Repenser la préparation à la gestion de crise

À la suite de phénomènes extrêmes survenus sur son territoire (tempête de 1999, canicule de 2003) et d'événement au retentissement international (attentats du 11 septembre 2001), la France s'est dotée depuis les années 2000 d'un arsenal d'instruments de préparation aux situations de crise (selon l'approche dite « *all hazard* ») (Borraz et Cabane, 2017), dans un contexte décrit, par de nombreux « professionnels de la gestion de l'inquiétude », pour reprendre l'expression de Didier Bigo (2005), comme étant éminemment « instable, menaçant et incertain », une formule répétée à l'envi dans tous les rapports et lois dédiés à la sécurité nationale. Parmi ces instruments figurent les plans, qui décrivent les mesures à prendre en cas de crise (les critères et les conditions de déclenchement du plan, la liste des organisations concernées, les missions qui leur sont assignées, les modalités de leur coordination, le séquençage des mesures à prendre, les mécanismes de la prise de décision), et les exercices de simulation, qui ont pour objectif de tester les plans et de former les participants à la gestion de crise (en les plaçant dans une situation scénarisée, afin qu'ils apprennent à s'approprier les outils mis à leur disposition, à se coordonner avec d'autres intervenants et à affronter des moments d'urgence et de stress). Nous n'évoquerons ici que ces deux instruments (il en existe d'autres : organisations temporaires, systèmes de veille et d'alerte, protocoles d'action...) car leurs limites dans la crise du Coronavirus permettent de mieux saisir l'impréparation des autorités françaises et indiquent les points sur lesquels il convient, à l'avenir, de faire porter les efforts (Borraz et Gisquet, 2019 ; Gisquet et Borraz, à paraître).

Une première limite tient à la décision de déclencher un plan et d'activer une cellule de crise. En théorie, les événements déclencheurs ou les critères à atteindre pour prendre ces décisions sont définis avec précision. Au cours des exercices, aucune équivoque n'est envisagée puisqu'il s'agit justement de tester les procédures. Dans la pratique, de nombreux épisodes de crise, telle la tempête de 1999, ont montré à quel point, en situation réelle, tous les critères pour déclencher le plan comme les dispositifs de crise ne sont pas toujours réunis, ni surtout dénués de toute ambiguïté quant à leur signification. Et même lorsqu'ils le sont, les acteurs peuvent hésiter à les mettre en œuvre, dans la mesure où leur activation enclenche une série de mesures en cascade dont le bien-fondé n'est pas toujours certain. Ce fut par exemple le cas lors de l'inondation de la centrale du Blayais en 1999, après les tempêtes Lothar et Martin : la situation était clairement critique mais le déclenchement du plan semblait poser plus de problèmes (entre autres, celui de l'accès à la centrale pour les services de secours) qu'il ne présentait d'utilité. Dans le cas du Coronavirus, si le Centre de crise sanitaire du ministère de la Santé est gréé dès le 27 janvier, il faut attendre le 6 mars pour que le Plan blanc soit lancé dans les hôpitaux, contrairement au plan Pandémie grippale qui ne sera jamais activé, et le 17 mars pour que la CIC soit activée. Ces différentes temporalités semblent traduire une difficulté à saisir la nature et surtout la gravité de la situation, mais également le souhait de repousser le plus tard possible le déclenchement d'un vaste dispositif qui va sensiblement altérer les circuits d'information et de décision au sein de l'État.

De surcroît, lorsqu'une gradation dans le niveau d'alerte est prévue, ce qui est le cas s'agissant, au ministère de la Santé, du Centre opérationnel de régulation et de réponse aux urgences sanitaires et sociales (CORRUSS) (voir chapitre 2), le choix de changer de seuil est délicat car il entraîne un ensemble de mesures automatiques. Les décideurs n'ont pas toujours conscience des implications de tels changements, qui peuvent avoir des conséquences majeures sur la dynamique de la crise. Ainsi, pendant la crise des missiles de Cuba, Kennedy n'avait pas réalisé que le déclenchement du niveau DEFCON 3 entraînait le passage en état d'alerte des forces armées. Lorsqu'un avion de surveillance américain survola l'URSS, Kennedy aurait eu tellement peur que certains spécialistes se demandent si cela n'a pas accru sa volonté de trouver l'issue la plus rapide possible à la crise (Jervis, 2015). Pareille mésaventure arriva à Bill Clinton qui accepta, lors de la guerre de Yougoslavie, l'intervention de l'OTAN, sans avoir perçu au préalable que le déclenchement de ce plan impliquerait mécaniquement la mobilisation des forces américaines (Allison et Zelikow, 1999). C'est son conseiller spécial qui le lui annonça, à l'issue d'une soirée festive en compagnie de Jacques Chirac… Clinton aurait mis quelques minutes à le croire. Évidemment, la responsabilité de ce couac revenait à l'ambassadeur des États-Unis auprès de l'OTAN qui souhaitait que les forces américaines s'engagent et avait donc omis d'informer son président sur les conséquences de sa décision. On voit à travers ces quelques exemples à quel point le déclenchement des plans devrait faire l'objet d'une attention particulière lors des exercices de simulation afin de préparer les décideurs à leur complexité et à leurs possibles conséquences.

Une deuxième limite de ces plans et exercices concerne la question essentielle du « cadrage » de la crise, au sens où l'entendent la science politique et la sociologie des mouvements sociaux, c'est-à-dire la façon dont on définit un problème, son origine et ses effets probables (Benford et Snow, 2000 ; Gusfield, 2009 [1981]). Tout comme dans le cas de la définition des problèmes politiques « ordinaires », les acteurs en présence n'ont que rarement la même compréhension de la nature de la crise et de ses conséquences à court, moyen et long terme (Dobry, 2009 [1987]). Dans le cas de l'incendie de Lubrizol en 2019, le déclenchement par la préfecture du volet « thermique », plutôt que du volet « toxique », du plan particulier d'intervention a accordé la priorité à la gestion de l'incendie (qui risquait de se propager aux installations voisines), en écartant les possibles effets sur la santé des riverains. Ce seront les demandes d'explications puis les protestations de ces derniers qui créeront les conditions de la crise.

Là encore, la crise des missiles de Cuba offre un exemple frappant (Allison, 1971). Même si la situation semblait à première vue assez claire, Kennedy et ses conseillers ont beaucoup discuté pour caractériser les événements : s'agissait-il d'une crise diplomatique ou militaire ? Était-on face à un problème de « voisinage » entre les États-Unis et Cuba, ou devait-on admettre que les relations entre les deux superpuissances étaient en jeu ? L'option du bombardement sans préavis était-elle moralement acceptable ou risquait-elle de nuire à la réputation des États-Unis, comme ce fut le cas pour les Japonais lors du bombardement de Pearl Harbor ?

En définitive, la définition d'une crise et la qualification des solutions envisagées ne sont jamais neutres et ne s'imposent jamais comme une évidence partagée. L'opération dépasse la simple évaluation coût-bénéfice, ne serait-ce que parce que les deux termes de l'équation ne sont pas clairement posés mais discutés, et que l'on délibère autant sur les fins que sur les moyens (Urfalino, 2019).

La crise de la Covid-19 n'a pas échappé à ces enjeux discursifs tout au long de son déroulement. Ainsi, un cadrage strictement sanitaire prévaut jusqu'au 16 mars, la gestion interministérielle de la crise étant confiée au ministère de la Santé. Cela a peut-être contribué à imposer la solution du confinement, sans prendre en compte les autres dimensions du problème. Plus précisément, on peut défendre l'idée que c'est un cadrage hospitalier qui a prédominé, l'hôpital apparaissant comme le lieu où se livre la « guerre » et comme institution qu'il s'agit de protéger contre une « vague » susceptible de l'emporter : les médecins que l'on a vus et entendus dans les médias étaient tous des hospitaliers (infectiologues, urgentistes, réanimateurs...), les membres du Conseil scientifique l'étaient majoritairement, les reportages insistaient sur la situation dramatique dans les hôpitaux et leur manque de moyens, le président de la République, le Premier ministre et le ministre de la Santé affichaient comme priorité le sauvetage de l'hôpital public face à la déferlante pandémique, etc. Il faut aussi souligner le rôle qu'a pu jouer la conférence de presse quotidienne du directeur général de la Santé. Les principaux indicateurs dont le pays suivait l'évolution chaque soir étaient d'ordre hospitalier : mortalité hospitalière, nouvelles admissions, admissions en réanimation. Le nombre de décès en EHPAD n'a été comptabilisé qu'à partir du 2 avril. Ce cadrage hospitalier a également conduit à écarter volontairement la question des conséquences économiques, sociales et politiques du confinement ; faute de connaissances sur celles-ci mais aussi en raison du cadrage hospitalier, ces dimensions n'ont tout simplement pas fait partie des éléments de réflexion dans la décision de confiner l'ensemble de la population (Caduff, 2020). En outre, la focale essentiellement hospitalière jusqu'au déconfinement, et la méfiance vis-à-vis de l'expertise et la médecine privées qui lui est intimement liée, ont retardé la mobilisation des acteurs de la ville (y compris la médecine libérale)[6] et de la santé publique[7], ainsi que la prise en compte des EHPAD. Ce cadrage puissant a enfin retardé la prise en compte des autres conséquences sanitaires du confinement, notamment celles découlant de la rupture dans la continuité des soins.

Avec le déconfinement, c'est la perspective économique qui a semblé prévaloir. Autrement dit, le cadrage a des implications sur les acteurs auxquels on alloue (ou qui s'emparent de) la propriété du problème ainsi que des solutions envisagées (et envisageables). Pourtant, dans les plans comme dans les exercices, la nature de la crise ne fait pas débat.

Une troisième limite des plans et des exercices touche à la manière dont ils appréhendent la gestion effective de la crise. Durant les exercices observés dans le domaine des inondations, de la sécurité publique ou de la sûreté nucléaire, chaque participant est à sa place, sait ce qu'il a à faire, connaît (ou apprend vite) les procédures, respecte les circuits officiels de décision et de communication. Les actions et décisions des

6. L'injonction gouvernementale à appeler le SAMU en cas de symptômes évocateurs a sans doute renforcé la marginalisation des soins primaires (et des sapeurs-pompiers, voir chapitre 2) dans l'organisation nationale de la réponse.

7. Étienne Nouguez, « Crises sanitaires : faut-il tout miser sur l'hôpital ? », *Revue projet* [en ligne], 7 mai 2020 ; Linda Cambon, François Alla et Valéry Ridde, « Santé publique », art. cité.

participants répondent à des normes, ils n'ont pas besoin d'improviser – à de rares exceptions près (dans des circonstances qui sont elles-mêmes le plus souvent prévues dans les scénarios d'exercice). Si un participant sort des protocoles, il est vite rappelé à l'ordre. Au cours de ces exercices, on n'observe ni défaillance individuelle, ni concurrence ou conflit majeur entre participants ou entre organisations, ni contournement des chaînes de commandement et de circulation de l'information. Pourtant, le chapitre précédent a montré à quel point l'improvisation, les écarts plus ou moins volontaires par rapport aux règles, la concurrence et les conflits entre les différents acteurs sont partie intégrante de la crise. À l'évidence, aucun exercice n'avait préparé les acteurs des préfectures, des ARS et des collectivités locales à se coordonner pour gérer le manque de masques, par exemple. Car les relations de pouvoir, agissant pourtant comme un déterminant majeur des coopérations et des conflits, ne sont pas simulables ou expérimentables (Bergeron *et al.*, 2018). À vouloir trop mettre l'accent sur le respect des procédures, on en oublie qu'en situation de crise, celles-ci sont souvent appelées à évoluer. Tout comme on néglige le rôle des réseaux informels de communication, qui jouent pourtant un rôle essentiel dans les échanges d'information et la coordination : qu'il s'agisse de liens d'interconnaissance que l'on peut activer pour obtenir plus rapidement une donnée ou une décision, ou des applications telles WhatsApp ou Telegram, qu'utilisent couramment tous les acteurs de la crise en sus des moyens de communication officiels. S'il est normal que ces éléments ne figurent pas dans les plans, il est plus gênant que les exercices ne soient pas l'occasion d'en illustrer l'existence, non pour les supprimer mais au contraire mieux en comprendre les usages, les effets et les problèmes éventuels.

Enfin, une dernière limite tient au fait que les participants aux exercices de crise occupent souvent des positions intermédiaires dans l'organigramme de leurs organisations, tandis que, lors d'une crise réelle, comme celle du Coronavirus, de hauts fonctionnaires sont aux manettes et ont à prendre des décisions cruciales, qui seront structurantes pour la dynamique de l'action collective. En somme, les personnes qui se préparent ou se forment à la gestion de crise dans les exercices ne sont pas nécessairement celles qui, le moment venu, auront des responsabilités essentielles à assumer. Tandis que celles auxquelles revient la responsabilité de la gestion de crise n'auront que rarement participé à un exercice, si ce n'est durant une heure ici ou là (l'exception qui confirme la règle étant représentée par le cas de Xavier Bertrand qui, en 2005, participe à un exercice majeur autour d'une pandémie). Pourtant, ces dispositifs sont assurément instructifs, à condition toutefois de chercher, non seulement à s'assurer que tous les participants connaissent les procédures, mais également à pousser celles-ci à leurs limites.

Loin de placer les organisations et leurs membres dans des situations inédites pour mettre à l'épreuve leurs capacités à comprendre ce qui leur arrive et à (ré)agir en conséquence, la préparation à la gestion de crise prolonge trop fréquemment, voire reproduit, le fonctionnement ordinaire et les catégories d'action et d'entendement usuelles de ces organisations. La situation que les participants affrontent est certes fictive mais les procédures et les instruments mis à leur disposition leur permettent d'y répondre et de la contenir. Bref, les exercices ne préparent aucunement à l'inattendu. Certains avanceront qu'il est impossible d'anticiper une crise de l'ampleur de celle du Coronavirus. Que les exercices sont aux crises ce que les grilles harmoniques sont au jazz, ils permettent aux décideurs d'improviser en situation réelle tout en faisant preuve d'inventivité (et le confinement en serait alors l'illustration). Nous ne le pensons pas : les exercices de crise, du moins ceux organisés régulièrement par les ministères et les préfectures, et qui mobilisent parfois de très nombreux participants et des organisations variées, ne préparent pas à gérer des situations de crise réelle et peuvent au contraire contribuer à procurer un faux sentiment de sécurité.

Bref, il faut d'abord, selon nous, réfléchir à l'évolution de la préparation à la gestion de crise, en rompant avec une logique purement procédurale, fictionnelle ou, pour reprendre le terme de Lee Clarke (1999), « fantaisiste ». À la place, nous proposons de prendre appui sur des études de cas concrets, qui constitueraient un outil pédagogique très utile (Chessel, à paraître) pour tirer des leçons bien éloignées de la vision idéalisée de la « bonne crise » ou de la crise « raisonnablement » perturbante qui figure dans les plans et les exercices.

Mieux former les élites[8]

La crise de la Covid-19 s'inscrit dans un ensemble plus vaste de transformations auxquelles nos sociétés

8. Des éléments de cette section ont été publiés sous une forme différente dans le quotidien en ligne *AOC [Analyse Opinion Critique]* : Henri Bergeron, Olivier Borraz, Patrick Castel et François Dedieu, « Après la crise : quelles formations pour relever les défis contemporains ? », *AOC*, 3 juin 2020.

sont exposées : effets du changement climatique, transformations numériques et digitales, montée des inégalités, crise de la démocratie représentative, contestation de la science, etc. Autant d'enjeux qui ont été exacerbés durant la crise du Coronavirus, mais qui demeureront bien présents après et qui seront potentiellement porteurs de crises plus graves, dont l'actuelle ne serait que les prémices ou une première alerte.

Or la formation des élites – terme dans lequel nous englobons ici l'ensemble des cadres intermédiaires, supérieurs et dirigeants dans les secteurs public, privé et non gouvernemental – n'est plus adaptée pour faire face à ces enjeux. Certes, la crise actuelle montre l'adaptation et l'improvisation dont les actrices et acteurs de terrain et les organisations au sein desquelles ils évoluent sont parfois capables. Mais elle rappelle aussi à quel point leurs responsables peuvent éprouver des difficultés à décider et à agir dans des situations de profonde incertitude. Que l'on ne s'y trompe pas : l'urgence que l'on invoque rétrospectivement pour souligner la difficulté de la tâche des décideurs lors de cette crise ne doit être considérée que comme un facteur aggravant par rapport à la somme de défis et de menaces auxquels notre société va faire face dans les prochaines années et décennies. Si le raccourcissement du temps a été particulièrement prononcé dans les premières semaines de la crise, ces autres défis et menaces n'exigent pas moins que l'on agisse rapidement afin d'éviter que se reproduise la situation que nous avons connue début mars : une mesure radicale et inédite – le confinement – comme ultime recours face à un danger dont les autorités françaises ont pris trop tard la mesure. Comment ne pas dresser un parallèle avec le réchauffement climatique ou la révolution digitale ? Peut-on affirmer que nous ne risquons plus de vivre à l'avenir le même instant de sidération collective face à d'autres dangers auxquels les autorités auraient tardé à répondre de manière progressive et proportionnée et qui les mèneraient à adopter des solutions plus radicales encore ? Hélas, non, car la formation de nos élites ne les prépare pas à penser et à agir dans l'incertitude.

Plusieurs facteurs l'expliquent. Tout d'abord, le processus de sélection privilégie toujours le concours comme modalité d'entrée dans des écoles, dont les enseignements sont en priorité de nature technique (droit, sciences de l'ingénieur, comptabilité, management...). Rien ne les prépare à l'analyse de problèmes inédits. Là où il conviendrait d'insister sur la prise en compte des incertitudes dans l'action publique, cette formation contribue au contraire à leur donner des certitudes ou des outils de quantification qui procurent un faux sentiment de connaissance (Kay et King, 2020).

Ensuite, la gestion des carrières dans des corps privilégie le conformisme au détriment de la pluralité, décourage la prise de risque et dévalue l'innovation. Elle produit un puissant effet de normalisation des élites, quand il faudrait au contraire cultiver la pluralité des profils et des perspectives. Comme le soulignait un récent rapport du Conseil d'État (2018) consacré à *La Prise en compte du risque dans la décision publique* : « appréhendée de manière générale, l'action publique contemporaine peut apparaître marquée par le conservatisme et la routine. La faible propension collective pour l'innovation et l'audace, à un moment où celles-ci sont plus que jamais nécessaires pour assurer le dynamisme de notre pays, peut s'avérer préjudiciable à l'intérêt général » (p. 8).

Un autre élément concerne le rapport à la recherche et au raisonnement scientifiques. Les compétences et connaissances inculquées pendant la préparation aux concours puis au cours de la formation dans les grandes écoles sont avant tout techniques. En outre, les enseignants sont le plus souvent des professionnels ; ils ne sont que trop rarement des universitaires ou des chercheurs. Contrairement à ce que l'on observe dans d'autres pays (par exemple les États-Unis, la Suède, l'Allemagne...), les élèves n'acquièrent dans ces établissements aucune compétence qui les rendrait capables d'appréhender un raisonnement scientifique, d'en apprécier à la fois la démarche, les résultats et les incertitudes persistantes. Leur connaissance du monde scientifique et universitaire est réduite à sa portion congrue. Elle ne les prépare pas à savoir interagir avec lui lorsqu'ils accèdent à des postes de responsabilité, dans des organisations publiques ou privées. Ils ne savent pas comment poser des questions aux universitaires et chercheurs, si ce n'est pour faire appel à leur expertise, dans l'attente de réponses binaires. Ils ne savent pas comment évaluer la qualité de ce que ce monde scientifique et universitaire produit et apparaissent souvent méfiants à l'égard de savoirs dont ils estiment (parfois à raison...) qu'ils sont trop éloignés des problèmes concrets qu'ils doivent gérer. De fait, combien de savoirs scientifiques sont ignorés dans la production et la mise en œuvre de politiques publiques ! Et ceux qui sont pris en compte le sont le plus souvent dans une perspective positiviste qui tend à occulter leur part – irréductible – d'incertitude.

Un autre facteur encore renvoie à la complexité du monde organisationnel dans laquelle les décideurs évoluent. Pour affronter les enjeux et menaces évoqués plus haut, ou gérer les crises actuelles, il faut savoir coordonner de vastes ensembles, susciter la coopération entre des entités organisationnelles distinctes et parfois éloignées, impliquer et enrôler des actrices et des acteurs aux profils, aux valeurs et aux intérêts différents, voire divergents, etc. Or les futures élites ne bénéficient d'aucune formation en sciences sociales pour les aider à appréhender ces dimensions. Les écoles qui les forment continuent de privilégier une vision individuelle et psychologique (ou psychologisante) du leadership. Elles insistent sur les attributs personnels et les traits de caractère du « leader » (souvent présentés comme exceptionnels) : « vision », « empathie », « aptitude au commandement », etc. Plus rares sont les formations qui misent sur le débat et la controverse, qui encouragent la recherche de points de vue pluriels sur des problèmes, qui soulignent l'importance de la démarche du doute pour tester la solidité des raisonnements et des solutions... Rares aussi sont les formations qui dispensent les outils méthodologiques et intellectuels pour saisir les ressorts et les dynamiques de l'action collective, afin de concevoir et de mettre en œuvre des stratégies de changement (collectives). Ce défaut se prolonge et se reproduit au sein des administrations et des entreprises, dont le fonctionnement centralisé n'encourage ni le débat ni la collégialité, mais tend au contraire à perpétuer une approche individuelle et héroïque de la décision (Castel et Chessel, 2019).

Enfin, un dernier facteur a trait au tropisme technocratique qui veut qu'à chaque problème, il existe une solution, souvent technologique ou organisationnelle.

Autrement dit, au diagnostic d'inefficacité des organisations, publiques ou privées, répondent, en général, de nouveaux projets de rationalisation, de coordination et de digitalisation. La crise révèle à nouveaux frais un trait aussi ancien que typique de la technocratie française, qu'elle évolue au sein de l'administration ou en entreprise : l'illusion que l'instrument ou la technologie fait la coopération. Cette dernière est cependant un état social complexe que l'instrument ou la technologie ne saurait seul obtenir. Ainsi, pour réussir, la conduite des réformes de politiques publiques et des stratégies innovantes et durables des entreprises doit s'appuyer sur la coopération des acteurs concernés et susciter leur adhésion. De la même manière qu'en situation de crise, il est essentiel de s'assurer que les acteurs de terrain disposent des ressources et des compétences pour mettre en œuvre les décisions prises au sommet.

La formation délivrée aux futures élites continue de privilégier des approches inscrites dans des savoirs stables et des éléments fixes. Elle ne les prépare donc pas à agir dans un monde incertain, instable et complexe. Or la gestion de crise implique d'agir dans l'urgence, avec très peu de connaissances, dans une situation en constante évolution. Chaque décision entraîne des conséquences qui à leur tour provoquent de nouveaux problèmes dans des domaines très divers (transport, sécurité, santé, etc.) qui s'ajoutent à l'agenda déjà encombré des décideurs de crise. Du coup, la persévérance des gouvernants à fonder leurs décisions sur une vision de la science ramenée à sa seule dimension d'expertise traduit cette méconnaissance de la recherche et la difficulté à penser les situations marquées par l'incertitude radicale.

Nous pensons indispensables des formations qui placent au cœur de leur projet pédagogique la recherche et le raisonnement scientifiques. Pareille dynamique pédagogique pourrait s'organiser autour de quatre ambitions principales :

1) Concevoir des cours qui aident les étudiants à maîtriser et à mobiliser des savoirs, instruments et technologies à l'œuvre dans les organisations au sein desquelles ils travailleront, et en concevoir d'autres qui critiquent ces mêmes outils, instruments ou technologies, en en montrant les limites, ce qu'ils permettent de voir et ce qu'ils laissent dans l'ombre, ce qu'ils charrient comme conceptions (y compris normatives) du salarié, du citoyen, du consommateur, de l'usager...

2) Placer l'investigation et le raisonnement scientifiques au cœur de la pédagogie. Plutôt que de partir *a priori* d'une somme de savoirs à apprendre (souvent par cœur), comme tant de formations continuent de le privilégier, il s'agit d'organiser l'enseignement autour de problèmes concrets et complexes, qui nécessitent l'identification et la mobilisation de savoirs et de méthodologies pertinents pour les résoudre. Dans cette perspective, il faut confronter les étudiantes et étudiants aux différents regards disciplinaires, qui parfois se complètent, mais qui parfois aussi s'opposent sur un même sujet.

3) Les étudiantes et étudiants doivent apprendre et éprouver différentes temporalités de réflexion et d'action : des méthodes, comme le *design thinking*, pour apporter des solutions rapides à des problèmes, d'un côté ; la pratique de l'enquête, de l'autre, qui requiert plus de temps, pour collecter, accumuler, dépouiller et analyser des données, mais qui peut aboutir à des

solutions plus pérennes, parce qu'elles prennent davantage en compte les dynamiques spécifiques des ensembles sur lesquels ils et elles doivent agir.

4) Enfin, il est très formateur pour des étudiantes et étudiants d'alterner des périodes d'immersion dans des organisations et des périodes de prise de recul et de distance avec ces mêmes organisations, à travers des cours qui aident à poser un regard critique et réflexif sur leur fonctionnement.

S'exposer à ces tensions critiques et réflexives permet de s'accoutumer à la complexité et de développer des compétences et des savoir-faire divers. De telles formations existent dans d'autres pays. Pourquoi leurs principes théoriques ne pourraient-ils pas être rapidement déclinés de manière opérationnelle en France ? Étudiants de deuxième cycle, mais aussi cadres dirigeants d'horizons divers (notamment en début de carrière) pourraient en bénéficier. Les communautés d'universités et établissements (COMUE), qui recouvrent en général un large périmètre de disciplines scientifiques, pourraient en fournir un cadre souple et modulaire.

Dans un contexte où nos sociétés sont soumises à des transformations aussi rapides, il apparaît urgent de doter les responsables publics, associatifs et privés de compétences leur permettant de mieux appréhender les enjeux et les processus des transformations à l'œuvre dans leur environnement, quels qu'ils soient, afin qu'ils puissent mieux les maîtriser et non plus les subir. Il faut pour cela, apprendre à mobiliser et à confronter les savoirs et compétences disponibles, notamment scientifiques, mais pas exclusivement, consacrés à la résolution de problèmes divers en tenant compte des nombreuses incertitudes qui persistent. C'est à ce prix qu'il sera possible, selon nous, de concevoir et de piloter des réformes et des transformations d'envergure.

On a beaucoup comparé dans les médias la situation actuelle à celle de 1945. Il est utile de rappeler qu'elle n'a pas débouché uniquement sur les nationalisations et la mise en place des principaux piliers d'un État providence fort. Les années d'après-guerre ont également été marquées par la création d'une nouvelle école de formation des élites : l'École nationale d'administration (ENA). Cette création est la conséquence du diagnostic posé à l'époque selon lequel l'une des causes de la défaite de 1940 résidait dans la formation des élites d'avant-guerre. On pourrait se contenter d'y voir une ironie de l'histoire tant l'ENA est aujourd'hui décriée. Mais ce serait oublier que son évolution vers le modèle actuel date essentiellement des années 1970. C'est dans cette décennie qu'elle est devenue une école d'application au sein de laquelle les hauts fonctionnaires enseignent en priorité, dans une logique de reproduction sociale. L'ouverture de ses enseignements était beaucoup plus grande au cours de ses premières années d'existence. Nous ne suggérons pas ici que la crise actuelle est imputable à nos élites, mais convenons néanmoins que leur formation ne les a pas préparées à gérer, ni la crise actuelle ni les crises à venir. Il est encore temps d'inscrire la réforme de l'ENA, mais également de l'ensemble des grandes écoles, dans un nouveau paradigme promouvant les compétences que nous avons présentées.

Conclusion

Nous sommes souvent revenus, tout au long de l'ouvrage, sur les enjeux de connaissance attachés à la crise de la Covid-19. En tant que chercheurs en sciences sociales, on ne pouvait pas en attendre moins de nous ! Pourtant, il nous semble plus que jamais nécessaire de souligner à quel point les connaissances sur la manière dont cette crise a été gérée, que ce soit aux sommets de l'État ou dans les territoires, dans les services de santé comme dans les écoles et les universités, par des groupes professionnels mais également par des bénévoles, sont primordiales et ne doivent pas être laissées entre les seules mains de commissions d'enquête dont le principal souci sera de délivrer des satisfecits ou des blâmes. On nous rétorquera qu'il existe pour cela des appels à projet de recherche. Mais le risque est grand qu'une fois de plus, les résultats de ces projets ne servent pas aux organisations qui ont été au cœur de la crise et qu'ils ne conduisent pas à un meilleur usage des savoirs scientifiques dans l'action publique.

L'urgence est pourtant double. Premièrement, elle appelle à sortir dès maintenant du discours sur la singularité de cette crise, comme de celles qui l'ont précédée. On a entendu très tôt les responsables et les experts qui ont participé à la gestion de celle-ci avancer cet argument. Oui, la crise de la Covid-19 est nouvelle. Oui, le virus et l'épidémie qu'il a causée comportent des éléments sans précédent : sur la période d'incubation ou le taux d'asymptomatiques, par exemple. Toutefois, rappelons que, si le virus présentait de nombreuses inconnues et, malheureusement, en comporte encore, il n'a pas en tant que tel introduit cette perte de sens qui caractérise les crises (Weick, 1988). Bien que nous les ayons oubliées, nos sociétés ont connu des épidémies, dont certaines bien plus graves que celle en cours (on pense à la grippe espagnole de 1918 mais aussi, plus près de nous, au sida). On doit plus sûrement rattacher le caractère inédit de cette crise à la solution du confinement général de la population. Jamais nos sociétés n'en avaient fait l'expérience sur une période aussi longue, avec de nombreuses conséquences en chaîne... et de très nombreuses interrogations. Tant individuellement que collectivement, le confinement a induit une perte de repères, car la plus grande incertitude régnait et règne encore sur les sujets qui ont trait aussi bien à la vie quotidienne qu'à l'avenir.

Donc, oui, la crise de la Covid-19 était nouvelle... mais comme l'ouragan Katrina était d'une ampleur hors du commun, le tsunami qui ravagea le nord du Japon en 2011 d'une taille exceptionnelle, l'attaque des tours jumelles en 2001 imprévisible, ou la canicule de 2003 totalement imprévue... Il nous paraît crucial de distinguer ce qui rend ces phénomènes uniques, ou inégalés, de ce qui au contraire compose leurs traits communs. Émile Durkheim a forgé la notion de réalité *sui generis*, c'est-à-dire de son propre genre, une réalité qu'on ne peut réduire à la somme des parties. Selon cette notion, cette crise n'est pas *sui generis* même si elle est singulière en ce qu'elle possède un ensemble propre de caractéristiques spécifiques et de caractéristiques communes à d'autres crises, parmi lesquelles on peut citer, à titre d'exemple, la question des signaux faibles, mais aussi les enjeux de coordination ou bien encore les débats autour de la sortie de crise (à quel moment ? sous quelle forme ? et pour rétablir quelle normalité ?). Cela justifie de la replacer dans une suite de cas, composés d'autres crises. Mais, d'une part, ses traits singuliers ne peuvent être compris qu'en les rapportant à ceux d'autres crises, et, d'autre part, les traits que l'on pourra considérer communs à d'autres crises autorisent les rapprochements et les leçons. Dans les deux cas donc, la comparaison est possible, et donc souhaitable.

La crise de la Covid-19 constitue un cas, particulièrement intéressant en raison de son ampleur mais également de son caractère global, que l'on doit inscrire dans une série d'autres crises, qu'elles soient de nature industrielle, terroriste, climatique ou sanitaire, pour en saisir les traits distinctifs et surtout en tirer des enseignements qui pourront servir lors de la survenue d'autres crises. Elle révèle notamment un trait fondamental et caractéristique du fonctionnement de la bureaucratie française : celui de donner l'illusion qu'elle peut à elle seule assurer la protection des populations contre tous types de risques. Cette conception bien française de l'ordre public conduit l'État à se piéger lui-même : en suscitant des attentes qu'il n'est pas en mesure de satisfaire, il crée un sentiment indu de protection et de sécurité (Borraz et Gilbert, 2008). Il s'expose de ce fait à des critiques toujours plus nourries lorsqu'une nouvelle crise survient et que ces défaillances surgissent. Il nous semble que l'actuel climat de défiance à l'égard des élites, dont les causes sont assurément profondes et historiques, voire les thèses complotistes qui ont fleuri au moment de la crise de la Covid-19, sont alimentés par ces cercles vicieux de la machinerie bureaucratique centralisée.

Deuxièmement, sans nier l'importance des sciences biomédicales, de la terre, du climat ou du vivant, le moment est propice à une reconnaissance de la contribution des sciences sociales à l'intelligence d'une situation comme celle que nous venons de connaître. Ces disciplines ont un rôle majeur à jouer dans la description et l'analyse de la crise et de la gestion de crise. Cela requiert de leur part une certaine modestie, mais c'est une vertu que ceux d'entre nous qui travaillons depuis longtemps sur des phénomènes d'une grande complexité avons appris à cultiver. Cela requiert également d'abandonner toute posture critique, toute tentation de plaquer des grilles d'analyse préexistantes[1], toute velléité de dénonciation, au profit d'une démarche qui se doit d'être d'abord compréhensive. Les sciences sociales, et notamment celles qui s'intéressent aux organisations, à l'action publique et aux processus de changement, sont particulièrement équipées pour affronter ce défi. Encore faut-il que les pouvoirs publics leur donnent l'occasion d'en faire la démonstration. Or la méfiance des élites à leur égard est particulièrement marquée : on craint leur analyse critique

1. Si nous nous sommes servis des conclusions de la littérature académique sur ces questions pour former des tentatives d'explication de certaines décisions et phénomènes liés à cette crise, nous n'avons eu de cesse de rappeler que seules des investigations empiriques approfondies permettront de passer des hypothèses aux thèses.

(en confondant posture scientifique et démarche militante), on redoute qu'elles mettent à nu des phénomènes ou des pratiques que l'on préfère taire, on ne les prend pas toujours au sérieux lorsqu'elles ne fondent pas leurs démonstrations sur des approches quantifiées ou formalisées. Seraient-elles capables de convertir leurs analyses en données numériques, pourraient-elles davantage emporter l'adhésion des décideurs (Porter, 1995) ? Mais la démarche d'analyse qui est la leur (ou de certaines d'entre elles) n'est pas compatible avec la production de « *thin description* » pour reprendre la notion forgée par Ted Porter (2012) : les sciences sociales trouvent d'abord leur force dans la production de « *thick description* », ce savoir qui restitue l'épaisseur des processus sociaux, non pour justifier que rien ne peut être fait tant les situations sont complexes, mais au contraire pour rappeler que le « *command and control* » n'a que rarement produit les effets escomptés.

Nous souhaitons pour conclure insister sur un point fondamental : tous nos interlocuteurs, sans exception, ont apprécié les entretiens que nous avons conduits durant cette crise. Ils nous ont souvent remerciés de cette occasion qui leur était donnée de réfléchir sur leurs pratiques, mais également de prendre un peu de recul dans des situations tendues et intenses. Et sans même avoir eu le temps de leur restituer le résultat de nos analyses sous la forme d'articles ou de rapports, le simple dispositif de l'entretien semi-directif était déjà en soi pour eux un puissant outil de connaissance et de réflexivité. Nous sommes prêts à parier que, dans toutes les organisations qui ont traversé cette crise, de très nombreuses personnes sont non seulement disponibles mais demandeuses pour partager avec nous leur expérience, et intéressées par les retours que nous pourrions leur proposer. Nous avons rarement ressenti un tel besoin d'analyses sociologiques de la part d'individus qui ont traversé une situation radicalement nouvelle et qui souhaitent davantage s'armer de clés explicatives pour la suite, plutôt que de refermer très vite le dossier. C'est cette demande qu'il est important que les cadres dirigeants de ces organisations et les autorités publiques entendent. Car de cette aptitude à écouter et à produire des connaissances dépendra la capacité de ces mêmes organisations à mieux affronter les crises à venir.

Bibliographie

ALLISON Graham, *Essence of Decision : Explaining the Cuban Missile Crisis*, Boston (Mass.), Little, Brown and Company, 1971.

ALLISON Graham et ZELIKOW Philip, *Essence of Decision : Explaining the Cuban Missile Crisis*, New York (N. Y.), Longman, 1999 [2e éd.].

BENFORD Robert et SNOW David, « Framing Processes and Social Movements : An Overview and Assessment », *Annual Review of Sociology*, 26, 2000, p. 611-639.

BERGERON Henri, *L'État et la toxicomanie. Histoire d'une singularité française*, Paris, PUF, 1999.

BERGERON Henri, « Entrepreneuriat et structures sociales », mémoire pour l'habilitation à diriger des recherches, Paris, Institut d'études politiques, 2018.

BERGERON Henri et CASTEL Patrick, *Sociologie politique de la santé*, Paris, PUF, 2018 [2e éd.].

BERGERON Henri, CASTEL Patrick, DUBUISSON-QUELLIER Sophie, LAZARUS Jeanne, NOUGUEZ Étienne et PILMIS Olivier, *Le Biais comportementaliste*, Paris, Presses de Sciences Po, 2018.

BERLIVET Luc, « Une santé à risques. L'action publique contre l'alcoolisme et le tabagisme en France (1954-1999) », thèse de doctorat en science politique, Rennes, Université de Rennes 1, 2000.

BIGELOW Benjamin F., TANG Olive et BARSHICK Bryan, « Outcomes of Universal COVID-19 Testing Following Detection of Incident Cases in 11 Long-Term Care Facilities », *JAMA Internal Medicine*, publié en ligne le 14 juillet 2020 (doi:10.1001/jamainternmed.2020.3738).

BIGO Didier, « La mondialisation de l'(in)sécurité ? Réflexions sur le champ des professionnels de la gestion des inquiétudes et analytique de la transnationalisation des processus d'(in)sécurisation », *Cultures & Conflits*, 58, 2005, p. 53-101.

BORRAZ Olivier, *Les Politiques du risque*, Paris, Presses de Sciences Po, 2008.

BORRAZ Olivier et CABANE Lydie, « States of Crisis », dans D. King et P. Le Galès (dir.), *Reconfiguring European States in Crisis*, Oxford, Oxford University Press, 2017, p. 394-412.

BORRAZ Olivier et GILBERT Claude, « Quand l'État prend des risques », dans Olivier Borraz et Virginie Guiraudon (dir.), *Politiques publiques I. La France dans la gouvernance européenne*, Paris, Presses de Sciences Po, 2008, p. 337-357.

BORRAZ Olivier et GISQUET Elsa, « L'extension du domaine de la crise ? Les exercices de gestion de crise dans la gouvernance de la filière nucléaire française », *Critique internationale*, 85, 2019, p. 43-61.

BRUNIER Sylvain et PILMIS Olivier, *La Règle et le rapporteur. Une sociologie de l'inspection*, Paris, Presses des Mines, 2020.

CADUFF Carlo, « What Went Wrong : Corona and the World after the Full Stop », *Medical Anthropology Quarterly* [en ligne], 21 juillet 2020 (doi:10.1111/maq.12599/).

CARPENTER Daniel P., *Reputation and Power. Organizational Image and Pharmaceutical Regulation at the FDA*, Princeton (N. J.), Princeton University Press, 2010.

CASTEL Patrick et CHESSEL Marie-Emmanuelle, « La décision toujours en question », *Entreprises et histoire*, 97, 2019, p. 7-22.

CAZENEUVE Bernard, « Un ministre de l'Intérieur face au terrorisme », *Pouvoirs*, 158, 2016, p. 139-152.

CHESSEL Marie-Emmanuelle, « La formation des dirigeants d'entreprises en question. Retracer la diffusion de la "méthode des cas" américaine (Lille, années 1950) », *Revue d'histoire moderne et contemporaine*, à paraître.

CHISHOLM Donald, *Coordination without Hierarchy. Informal Structures in Multiorganizational Systems*, Berkeley (Calif.), University of California Press, 1989.

CLARKE Lee, *Mission Improbable : Using Fantasy Documents to Tame Disaster*, Chicago (Ill.), University of Chicago Press, 1999.

CLARKE Lee et CHESS Caron, « Elites and Panic : More to Fear than Fear Itself », *Social Forces*, 87 (2), 2008, p. 993-1014.

CONSEIL D'ÉTAT, *La Prise en compte du risqué dans la décision publique. Pour une action publique audacieuse*, Paris, La Documentation française, 2018.

CRESPIN Renaud, « Connaître ou informer : la carrière sociale des tests ELISA/VIH dans deux enquêtes épidémiologiques en France et aux États-Unis », *Sciences sociales et santé*, 24 (4), 2006, p. 53-89.

CROZIER Michel, *Le Phénomène bureaucratique*, Paris, Seuil, 1964.

DALGALARRONDO Sébastien, *Sida : la course aux molécules*, Paris, Éditions de l'EHESS, 2004.

DEDIEU François, *Une catastrophe ordinaire. La tempête du 27 décembre 1999*, Paris, Éditions de l'EHESS, 2013.

DOBRY Michel, *Sociologie des crises politiques. La dynamique des mobilisations multisectorielles*, Paris, Presses de Sciences Po, 2009 [1987].

EMERUWA Ukachi N., ONA Samsiya, SHAMAN Jeffrey L. *et al.*, « Associations Between Built Environment, Neighborhood Socioeconomic Status, and SARS-CoV-2 Infection Among Pregnant Women in New York City », *JAMA*, publié en ligne le 18 juin 2020 (doi:10.1001/jama.2020.11370).

GIBSON David, *Talk at the Brink : Deliberation and Decision During the Cuban Missile Crisis*, Princeton (N. J.), Princeton University Press, 2012.

GILBERT Claude (dir.), *La Catastrophe, l'élu et le préfet*, Grenoble, Presses universitaires de Grenoble, 1990.

GISQUET Elsa et BORRAZ Olivier, « Simuler une crise : la construction de la réalité dans les exercices d'accident nucléaire », *Sociologie*, à paraître.

GUSFIELD Joseph, *La Culture des problèmes publics. L'alcool au volant : la production d'un ordre symbolique*, Paris, Economica, 2009 [1981].

HAAS Peter, « Introduction : Epistemic Communities and International Policy Co-ordination », *International Organization*, 46 (1), 1992, p. 1-35.

HAURAY Boris, « Politique et expertise scientifique. La régulation européenne des médicaments », *Sociologie du travail*, 47 (1), 2005, p. 57-75.

HUGHES Gerald R., « "The Best and the Brightest" : The Cuban Missile Crisis, the Kennedy Administration and the Lessons of History », dans Len Scott et Gerald R. Hughes (eds), *The Cuban Missile Crisis. A Critical Reappraisal*, Londres, Routledge, 2015, p. 117-141.

JANIS Irving, *Victims of Groupthink : A Psychological Study of Foreign-policy Decisions and Fiascoes*, Boston (Mass.), Houghton Mifflin Company, 1972.

JASANOFF Sheila, *The Fifth Branch : Science Advisers as Policymakers*, Cambridge (Mass.), Harvard University Press, 2009.

JERVIS Robert, « The Cuban Missile Crisis. What Can We Know, Why Did It Start, and How Did It End ? », dans Len Scott et Gerald R. Hughes (eds), *The Cuban Missile Crisis. A Critical Reappraisal*, Londres, Routledge, 2015, p. 1-39.

KAY John et KING Mervyn, *Radical Uncertainty : Decision-Making Beyond the Numbers*, Londres, The Bridge Street Press, 2020.

LANDAU Martin, « Redundancy, Rationality, and the Problem of Duplication and Overlap », *Public Administration Review*, 29 (4), 1969, p. 346-358.

NATHANSON Constance, *Disease Prevention as Social Change*, New York (N. Y.), Russell Sage Foundation, 2007.

PELOPIDAS Benoît, « The Unbearable Lightness of Luck : Three Sources of Overconfidence in the Manageability of Nuclear Crises », *European Journal of International Security*, 2 (2), 2017, p. 240-262.

PERROW Charles, *Normal Accidents : Living with High Risk Technologies*, New York (N. Y.), Basic Books, 1984.

PORTER Theodore, *Trust in Numbers. The Pursuit of Objectivity in Science and Public Life*, Princeton (N. J.), Princeton University Press, 1995.

PORTER Theodore, « Thin Description : Surface and Depth in Science and Science Studies », *Osiris*, 27 (1), 2012, p. 209-226.

QUARANTELLI Enrico L., « Disaster Crisis Management : A Summary of Research Findings », *Journal of Management Studies*, 25 (4), 1988, p. 373-385.

ROSENTAL Paul-André, « Un balcon en forêt. Essai comparatif sur l'épidémie de Covid », *Terra Nova*, « Notes », publié en ligne le 6 mai 2020.

SCOTT Len et HUGHES Gerald R. (eds), *The Cuban Missile Crisis. A Critical Reappraisal*, Londres, Routledge, 2015.

SIGAL Leon, « Bureaucratic Politics & Tactical Use of Committees : The Interim Committee & the Decision to Drop the Atomic Bomb », *Polity*, 10 (3), 1978, p. 326-364.

SNOOK Scott, *Friendly Fire. The Accidental Shootdown of U. S. Black Hawks over Northern Irak*, Princeton (N. J.), Princeton University Press, 2000.

STRASSER Bruno et SCHLICH Thomas, « A History of the Medical Mask and the Rise of the Throwaway Culture », *The Lancet*, 396, 2020, p. 19-20.

URFALINO Philippe, « Qu'est-ce qu'une délibération collective ? », *Politika* [en ligne], 29 janvier 2019, dernière modification 9 juillet 2019, dernière consultation 3 juillet 2020.

VAUGHAN Diane, *The Challenger Launch Decision. Risky Technology, Culture and Deviance at NASA*, Chicago (Ill.), University of Chicago Press, 1996.

WEICK Karl, « Enacted Sensemaking in Crisis Situations », *Journal of Management Studies*, 25 (4), 1988, p. 305-317.

Remerciements

Nous tenons tout d'abord à remercier *AOC* et son directeur de la publication, Sylvain Bourmeau, pour l'autorisation de reprendre des éléments tirés des trois articles publiés à chaud durant la crise, dans ce média qui, à travers de multiples et passionnants éclairages produits quotidiennement, a permis de mieux saisir cet événement inédit dans toutes ses dimensions.

Nous souhaitons ensuite remercier vivement tous ceux qui nous ont accordé des entretiens, souvent dans des situations professionnelles tendues. Pour des raisons de confidentialité, il ne nous a pas été possible de les nommer mais ils se reconnaîtront au fil des pages. Les informations qu'ils nous ont transmises et les récits de leurs expériences ont été précieux pour développer les hypothèses qui figurent dans cet ouvrage. Nous espérons poursuivre, à froid, ces échanges avec eux en signe de gratitude mais également pour parfaire une analyse co-construite avec ceux qui ont eu à gérer cette crise au plus près.

Nous voulons enfin remercier notre ami et collègue Étienne Nouguez, dont les réflexions ont contribué à consolider les analyses proposées dans le présent ouvrage.

Table des matières

IMPRIM'VERT®

Achevé d'imprimer en septembre 2020 par Corlet Imprimeur -
14110 Condé-en-Normandie
Dépôt légal : septembre 2020 - n° d'imprimeur : 20080182 - *Imprimé en France*